永—和—族—群—溯—源

目次

二、語言異同

三、宗教習俗

1. 敬天地，儒道佛同堂共拜

2. 尊祖先，宗族組織龐大、凝聚力強

四、飲食習慣

序

　　在新北市地區諸多市鎮中，永和乃是少數從清
代以來擁有早期漢人移民、民國之後各地族裔、城
市發展下大量租居人口移入的城市。永和的城市加
速發展，一般認定從民國七十年左右，台灣進入經
濟起飛階段，陸續興建高樓之後，不僅地貌急遽改
變，連帶也使得原先的族群聚落，開始往永和各個
新興住宅分散。此點可從本書裡各個族群的遷徙足
跡加以印證。

　　我們以永和目前最為鮮明的幾大族群為史料爬
梳、蒐集對象：漢人早期移民、韓國華僑、金門人、
大陳義胞，以及租屋人口。除了租屋人口之外，前
四者都擁有強烈的原屬族群認同，因而在史料整合
上，能夠就族群的傳統、風俗、語言以及各項儀式
祭典加以彙整。

　　書中所彙整的時期橫跨三百年，從十七世紀末
期早期漢人，至一九八〇年後租屋人口，各個族群

的起源、遷往各地的歷程，到遷居至永和的初步探查，以及近年的發展狀況。

　　期能為永和的族群史帶來更為完整、系統性的研究資料。

早期漢人
移民

第一章
早期漢人移民

第一節　永和地區開墾概述

一、原住民族聚落

　　現今的永和地區早在漢人移入之前，即有平埔族住民在此活動生活。依據翁佳音考據西元一六五四年（文後以略：「西元」記）荷蘭人所繪製的〈淡水與其附近村社暨雞籠島略圖〉來看，當時在永和地區有兩個平埔族聚落：龜崙蘭社（Cournangh）與秀朗社（Sirongh）。[1]

　　龜崙蘭社為現今永和的竹林、中興、網溪、復興、頂溪、上溪、後溪、中溪、下溪、成功等里；秀朗社則為今天的店街、秀朗、永貞、秀和、福和、智光、民治、得和、光明等里與中和一部分地區。

　　從右頁地圖所繪的各聚落看來，可以發現早先的住民們皆傍河而居。這說明了人類生活與河流緊密相關的連繫。[2] 龜崙蘭社和秀朗社依著新店溪建

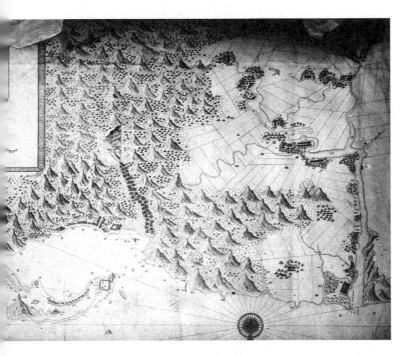

● 1 │ 淡水與其附近村社暨雞籠島略圖——《臺灣關係和蘭古圖古文書
寫真集》│國立臺灣博物館提供

圖片引用│翁佳音，《大台北古地圖考釋》，台北縣：台北縣
立文化中心，1998，附圖。

1　翁佳音，《大台北古地圖考釋》，台北縣：台北縣立文化中心，
　　1998，頁 58-02。

2　溫振華，〈清代擺接平原一代的族群關係〉，《北縣文化》，52
　　期，1997.4，頁 15。

立，在右頁的地圖上，可以看出秀朗社（24 號）的
房子畫得最豪華，主屋後面又繪有三、四間沒有牆
壁的草寮。[3]

　　秀朗社是大社這一點不僅可由地圖所繪的屋
舍規模推斷，從荷蘭人一六四七至一六五五年北台
灣番社戶口調查中，更明確說明此點。從頁 16 表
3 可看出十七世紀時，秀朗社的家戶數量曾經達到
六十二戶，人口約在一八五到二四○人之間。相較
之下，龜崙蘭社的家戶和人口數量就少了。

　　除了最早在荷蘭人的文獻史料中所看到的相
關紀錄之外，清代來台官史亦留有文字記載。康熙
三十六年（西元一六九七年：文後以略：「西元」、
「年」），奉命來台採硫礦的郁永河在《裨海紀
遊》中提到了「繡朗社」，應該就是指秀朗社。[4] 雍
正二年（一七二四），黃叔璥的《台海史槎錄》則
是記載了秀朗社和龜崙蘭社兩個部落。[5] 黃淑璥於
一七二二年任巡視台灣御史來台，書中記錄了當時
台灣平埔族的生活景況。原本生產方式以捕鹿狩獵、
捕魚及小規模自給的原始農耕為主，然而在荷蘭人、
漢人相繼來台管理、移墾之後，平埔族人土地被占、
強加賦稅，致使其生活方式被迫改變，也對原先的
社會組織、風俗禮儀、語言文化產生影響。[6]

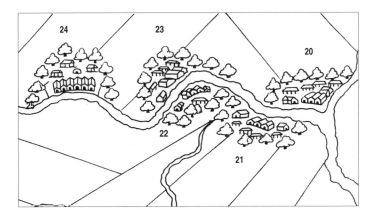

●2 │ 〈雷朗四社圖〉：23號聚落為龜崙蘭社；24號聚落為秀朗社。——
《大臺北古地圖考釋》，頁 59-60 │ 中央研究院提供

圖片引用│繪圖：翁佳音、王興安、李純菁，出自《大台北古
地圖考釋》，台北縣：台北縣立文化中心，1998，頁 60。

3　翁佳音，《大台北古地圖考釋》，前引書，頁 59。

4　郁永河，《裨海紀遊》，台北：台灣銀行經濟研究室，1959。

5　黃叔璥，《台海史槎錄》，台北：台灣銀行經濟研究室，1959。

6　參見林淑慧，《台灣文化采風：黃淑璥及其《台海史槎錄》研究》，
台北：萬卷樓，2004，頁 135-157。

●3｜西元 1647-1655 年秀朗社、龜崙蘭社戶口表

年　份		1647 年	1648 年	1650 年	1654 年	1655 年
秀朗社 (Chrion)	戶數	55	56	62	60	51
	人數	210	210	228	228	185
龜崙蘭社 (Kourounangh)	戶數	--	8	11	11	8
	人數	--	25	38	38	30

資料來源｜中村孝志著，吳密察、翁佳音、許賢瑤譯，〈荷蘭時代的台灣番社戶口表〉，《荷蘭時代的台灣研究（下卷）社會文化》，台北；稻香出版社，民國 91 年 4 月，頁 23。

表格製作｜中華綜合發展研究院應用史學研究所，《永和市志（上）（下）》，台北縣：永和市公所，2005。

二、漢人移入開墾

　　清初北台多為未開墾之地，郁永河於十七世紀末期述及當時的台北盆地：「林莽荒穢，宿草沒肩」。[7]等到十八世紀初，清代在台北置兵駐防，於是拓墾者紛紛由閩粵、台灣南部到台北平原來。通常以家族、

鄉親為中心，組成拓墾集團「墾戶」，或以幾個墾戶
組成「墾號」，葺屋為寮，結厝為莊，互助合作，共
負拓墾成敗的責任。[8]

　　現存最早漢人到台北平原開墾的相關文件為康
熙四十八年（一七〇九），諸羅縣宋永清發給陳賴
章墾號的〈大佳臘墾荒告示〉及〈戴歧伯等五人全
立合約〉。由其內容得知，泉州人戴歧伯、陳憲伯、
陳逢春、賴永和、陳天章，合五股為「陳賴章墾號」，
共同報墾淡水大佳臘地方荒地，其開墾的範圍東至
雷里、秀朗（約今永和、中和），西至八里坌（今
新北市八里）、干脰（今關渡），南至興直山腳（今
林口台地東緣），北至大浪泵溝（今台北市圓山基
隆河舊河道附近）。[9]從下頁圖可知，此地即為今天
台北市的大同區、萬華區一帶。[10]

7　　郁永河《裨海紀遊》，前引書，頁 26。

8　　王美雪，〈陳賴章〉辭條，出自：許雪姬等，《臺灣歷史辭典》，
　　　台北：遠流，2003，頁 858。

9　　尹章義，《臺灣開發史研究》，台北：聯經，1989，頁 64。

10　 翁佳音，《大台北古地圖考釋》，前引書，頁 54。

●4 │ 一六五四年古圖上的大佳臘——《大臺北古地圖考釋》，頁
56 │ 中央研究院提供

圖片引用 │ 繪圖：翁佳音、王興安，出自《大台北古地圖考
釋》，台北縣：台北縣立文化中心，1998，頁56。

　　繼此之後，到了雍正十二年（一七三四），
漳州人林秀俊（墾號：林成祖）和廖富椿帶領鄉人
先至台中州大甲，再於乾隆十五年（一七五〇）
向官府申請到北台擺接堡地方開墾。[11] 當時的擺
接堡包括今日板橋、中和、永和及土城大部分，

與台北市部分地區。[12] 漢人移墾後至乾隆二十九年
（一七六四）左右，今中和、永和地區內有九個莊落：
石灰窯、廣福、牛埔、南勢、二十八張犁、芎蕉腳、
秀朗、漳和、永和。[13] 從庄落建立的數目，可看出
此區拓墾速度的成長。

　　清代開墾土地，通常是由官府發給執照，或者
是與原住民簽訂契約讓與後，才得以進行。墾首取
得大片土地後，分割交付給佃戶，佃戶再將分配到
的土地切割，分給其下的佃人耕作。墾首向佃戶收
取大租，佃戶又向現耕佃人收取小租，而土地的稅
金則由墾首負擔，繳交給官府。其中若是繳交給原
住民的租金，則稱之為「蕃租」。[14]

　　林成祖與廖富椿的開拓為先占之地，後來
的漢人至此，便須向林成祖租借土地開墾，並約
定每年繳交大租。若要建造房屋，則要另繳交地
基租金。此外，林成祖等糾集佃戶興築水圳，掌

11　定川喜代志，古舜仁譯，〈擺接庄的沿革〉，《北縣文化》，52
　　期，1997.4，頁 26。

12　曾品滄，〈擺接堡〉辭條，出自：許雪姬等《臺灣歷史辭典》，
　　前引書，2003，頁 1310。

13　溫振華，〈清代擺接平原一代的族群關係〉，前引書，頁 21。

14　《中和庄誌》，台北：中和庄役場，1932，頁 12-13。

控農田灌溉之利。如佃戶要引水灌溉,便須繳交
埤圳使用費。下面的契書〈里族庄業主林成祖立
給水字〉,為乾隆四十五年(一七八〇)里族
庄佃戶林暹因田園乏水灌溉,業主林成祖立給水
字,給出自築埤圳之埤水二甲,並收埤費銀六十元。

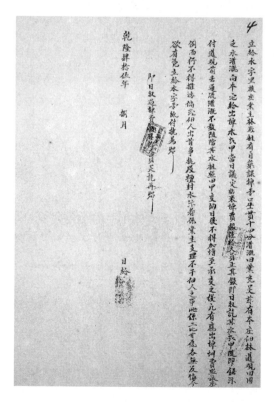

● 5　│　乾隆四十五年里族庄業主林成祖立給水字──《台灣
　　　慣行公私文模寫》│國立臺灣博物館提供

此種因開墾而產生的土地經濟制度，到了光緒十二年（一八八六），劉銘傳進行土地測量田賦清理，認為大租名實不符，應該廢除。但是斷然廢止又擔心大租戶不服起而反抗，故於光緒十四年（一八八八）公告規定，大租戶只能收六成租金，其他四成歸小租戶所有，而納稅義務則由小租戶負擔。[15]

到了日治時期，台灣總督府於明治三十七年（一九〇四），以公債券向大租戶和番戶收購土地，取消大租、番租與地基租，在官制上讓租稅歸於統一。[16]

三、人口組成特色

清代來擺接平原拓墾的，以漳州人居多。一九二六年台灣總督府曾就在台漢人籍貫作過調查，土城、板橋、中和（包括今天中、永和地區）庄皆是以漳州人占大多數，且高達 60% 以上。[17] 頁23 表 6 即為調查中，當時中永和地區漢人的籍貫情形。可以看到泉州和漳州兩地人最多：漳州人有八，八〇〇人，泉州有三，五〇〇人，其中泉州的同安人則有三，四〇〇人，占了泉州人的大部分。

　　儘管中和庄以漳州人居多，但在今天的永和地區卻是以泉州人占大多數。一九五八年分鄉設鎮，永和自中和鄉獨立出來，劃分的依據之一便是居民的籍貫。[18] 而潭墘里因為有一些漳州人居住，無法決定該劃歸中和或永和，遲至數年後才依照居民意願各自歸屬。[19]

　　從清領到日治時期以來，台灣漢人中，泉州人占了 44.8%，比漳州人的 35.2% 多了將近十個百分點。[20] 當初，陳賴章墾號帶領泉州鄉親來到台北盆地，占地開墾。隨後，漳州人林成祖到北台灣，於泉州人領域無法生存，轉而進入擺接平原。永和地區沿著新店溪畔居住了泉州人，原先在台灣的多數族群到了這裡，反倒成為少數了。

　　而今，永和地區的泉州同安人除了早先的開墾移民之外，二次大戰結束之後，金門居民來台移入。同鄉的同安人匯流一處，讓永和地區漢人的泉州同安人比例居高不下，在人口組成上形成特色。

● 6 │ 一九二六年中永和地區漢人籍貫人數表

漳 州	泉 州	汀 州
8800 人	安溪 100 人	1200 人
	同安 3400 人	
	共計 3500 人	

資料來源│《臺灣在籍漢民族鄉貫別調查》，台北：臺灣總督官房調查課，1928。

15 同上註，頁 13。

16 定川喜代志著，古舜仁譯，〈擺接庄的沿革〉，前引書，頁 27。

17 《臺灣在籍漢民族鄉貫別調查》，台北：臺灣總督官房調查課，1928。

18 台灣省文獻委員會，〈永和市分組座談紀錄〉，《台北縣鄉土史料（上冊）》，台北：台灣省文獻委員會，1997，頁 186。

19 台灣省文獻委員會，〈永和市分組座談紀錄〉，《台北縣鄉土史料（上冊）》，前引書，頁 186、193-194。

20 《臺灣在籍漢民族鄉貫別調查》，前引書。

第二節　族群關係

一、移墾社會的同鄉聚居

　　台灣一開始所形成的移墾聚落，即為一群男性的集合體，老弱婦孺幾乎完全沒有。[21] 荷清時期，來台灣的人多為農業性移民，因土地肥沃易於謀生。[22] 然而渡海畢竟還是有風險，所以剛開始都是成年男性冒險至台，少有攜家帶眷者。再加上清代實施海禁，禁止移民攜眷來台，於是在台灣的漢人多為「羅漢腳」，婦女、小孩、老年人很少。這種男女失衡的狀況，讓台灣在漢人移墾初期無法發展成以血緣關係為主的強宗大族。

　　剛到台灣的移民，通常會先和同族的人住在一起。然而當同族的人數太少不夠形成一個聚落時，就會和同鄉的人住在一起。在拓墾的情況下為了自保與相互扶持，同籍貫的人便聚居一處，彼此守望相助，建立起以地緣關係為基礎的社會凝聚力。[23]

　　像是來北台灣開墾的「陳賴章墾號」，即是由同為泉州人的三姓五人共同合股，以面對拓荒開墾所可能遇到的狀況。而林成祖則是帶領漳州人開墾擺接平原，以同鄉聚居的力量，互助結盟。透過同

鄉意識的強化，讓身處荒林陌地的移民得到情感認同與實質援奧。在這種社會凝聚準則之下，一旦不同籍貫的人民因為語言、習俗不同，甚至是現實利益發生衝突的話，群而攻之的我群意識便容易被激化，造成族群關係的緊張情勢。

二、彰泉移民的差異與衝突

在今天，兩個互不相識的人見面，通常會先以姓名和職業作為自我介紹的內容。而在清代來台的移民若要和不認識的人打招呼，在問過對方「貴姓」之後，接著就會再問：「祖上那裡？」[24] 不同時代的社會，在辨識個人時所參照的準則不盡相同，由此也能了解「祖籍」在一個移民拓墾的時代背景之下，是人我之辨的第一道關卡。

21　陳紹馨，〈台灣的家庭、世系與聚落型態〉，《台灣的人口變遷與社畫變遷》，台北：聯經，1979，頁 453。

22　劉良璧，《福建通志台灣府》，文叢：84，台北：台灣銀行經濟研究室，1961 年，頁 219。

23　陳紹馨，〈台灣的家庭、世系與聚落型態〉，《台灣的人口變遷與社畫變遷》，前引書，頁 456。

「咸豐三年（一八五三），漳泉械鬥於瓦窯一地。咸豐九年至十一年，漳泉械鬥再起，並愈演愈烈，枋寮街起火延燒。後漳州人自己械鬥，甚至連板橋、新莊、士林等地皆起紛爭，焚毀房屋。」[25]

在一九三二年的記載中看到，漳州人和泉州人的衝突白熱化，除了械鬥四起，甚至爆發火災，毀壞街庄屋舍。族群械鬥衝突的情勢，還在板橋、新莊等地爆發延燒。如此激烈的衝突，是如何發生的呢？為什麼兩方人馬會對彼此產生仇視，互不兩立呢？

漳州和泉州雖然都是閩南人，但在語言、習俗和信仰上卻多有相異之處。根據〈大台北地區語言方言分佈圖〉[26] 所示，永和屬於「閩語泉州腔區」，與相鄰的中和、板橋，分屬不同語言區域，反而是和一河之隔的台北萬華、文山在語言上較為親近。

漳泉兩地區的移民，在語言上有其不同的聲腔。例如漳州腔表現在下昏（晚上）、開門、吃飯、配蛋等句語的尾音（ui 尾音多），即可以知道是漳州人。而泉州人在講：來坐、長、短、吃粥等字時，腔調也就特別的明顯。[27]

根據洪惟仁研究，將台北地區的閩南語方言區作了整理：

大台北語言方言分佈大致歸納出 11 個區域，本書探討的永和地方為閩語泉州腔區
閩語區｜華語雙語區 • 閩語泉州腔區 • 閩語混合腔區 • 閩語漳州腔區
客語區｜四縣客語區 • 客語閩彰雙語區 • 海陸客語區
華語區｜華語區 • 華語閩語雙語區 • 華語客語雙語區
泰雅語區

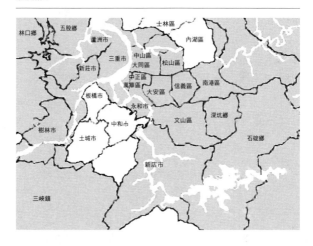

●7 ｜ 大台北地區語言方言分佈圖｜永和：閩語泉州腔區

圖片來源｜簡佳敏繪圖，引自洪惟仁、許世融，〈台北地區漢
語方言分佈〉一文附圖三。

24　同上註，頁 444。

25　引自《中和庄誌》，前引書，頁 94-95。

26　參見洪惟仁、許世融，〈台北地區漢語方言分佈〉一文附圖三，
　　出自：中央研究院台灣史研究所，「台灣的語言方言分佈與族群
　　遷徙工作坊」發表之論文，2008.12，頁 21。

27　戴寶村，〈移民台灣：台灣移民歷史的考察〉，《台灣史十一講》，
　　台北：國立歷史博物館，2006，頁 52。

●8 ｜ 台北地區閩南語方言分類

方言	次方言	二次方言
漳腔方言	漳州腔	老漳腔
		偏漳腔
泉腔方言	同安腔	老同安腔
		新同安腔
		偏同安腔
	安溪腔	老安溪腔
		新安溪腔
		偏安溪腔
混合方言	混合腔	混合腔

資料來源｜洪惟仁、許世融，〈台北地區漢語方言分佈〉，出自：中央研究院台灣史研究所，「台灣的語言方言分佈與族群遷徙工作坊」發表之論文，2008.12，頁 7-8。

● 9 ｜ 台北地區閩南語的方言分區與分佈

二次方言	方言區及方言點
老漳腔	**東北海岸帶** 三芝北部丘陵地、石門、金山、基隆 (中興隧道以下市區及海岸部分)、瑞芳海岸部分 (包括九分、金瓜石)、貢寮、雙溪等台北縣東北海岸帶。 - **士林內湖區** 台北市士林區 (陽明山以南，基隆河以北，社仔除外)、內湖區。鶯歌中湖里：鶯歌鎮東湖里、中湖里以西鄰近桃園市、八德市各里。
偏漳腔	**板橋中和區** 台北縣板橋 (浮洲里除外)、中和、土城 (頂埔、馬祖田除外)、新店市新店溪西岸。此區延伸到板橋市北部江子翠地區。
老安西腔	**基隆山區** 基隆市五堵、六堵、七堵、八堵。臺北盆地南舷帶：台北市南港；台北縣汐止、萬里鄉南端溪底村 (尪仔上天)、平溪、坪林、土城南部 (頂埔及馬祖田)、三峽、鶯歌、樹林柑園、林口、泰山，五股南部 (成泰路一段及以西山區)。此區延伸到桃園縣蘆竹鄉、龜山鄉與台北縣交界的山區。鶯歌西部延伸到桃園縣八德鄉有詔安客分布。

承上表

二次方言	方言區及方言點
新安溪腔	**瑞芳暖暖區** 台北縣瑞芳 (海岸除外)；基隆市暖暖。 - **台北盆南區** 台北縣石碇、深坑、新店 (新店溪以東)；台北市木柵、景美，松山至艋舺等市區部分。
偏泉 (安溪) 腔	**大漢溪西岸區** 樹林 (柑園除外)、新莊、板橋浮洲里。
老同安腔	**淡水河口區** 台北縣淡水、北投、八里等淡水河口地區。
新同安腔	**永和區**｜台北縣永和市。 - **基隆河口區** 基隆河口兩岸的台北市士林社仔、大龍峒、大稻埕及對岸的台北縣蘆洲、三重、五股北部。
偏同安腔	**板橋新店溪畔區**｜板橋新店溪畔。
混合腔	**烏來區**｜烏來鄉北部。

資料來源｜洪惟仁、許世融，〈台北地區漢語方言分佈〉，出自：中央研究院台灣史研究所，「台灣的語言方言分佈與族群遷徙工作坊」發表之論文，2008.12，頁 7-8。

　　從上面的兩個表格中，我們可以看到永和是屬
於「泉腔方言—同安腔—老同安腔」。雖然與中和
的漳州腔區相交接，可是在東、北、西三面被新店
溪所包圍，在各聯外橋梁興建以前是個交通不便的
閉塞地帶，因而在語言上保留了老同安腔的特色。[28]
由此可見，以泉州同安人為多的永和地區，位於漳
泉交界地帶，本就容易和漳州人有接觸。但同時也
因為同鄉聚居，凝聚向心力，我族 — 他族的差別意
識也跟著提高。

　　除了語言之外，漳州人和泉州人在習俗上也有
所不同。譬如祭祀方面，泉州人是日中而祭，漳州
人則是祭於黎明。祭品的準備方面，泉州人豐盛繁
多，漳州人則只以雞魚肉三牲供祭。喪禮上，泉州
人死後入殮扶至中庭才蓋棺，漳州人則多無此禮。[29]

28　戴寶村，〈移民台灣：台灣移民歷史的考察〉，《台灣史十一講》，
　　前引書，頁9。

29　周鍾瑄，《諸羅縣志》，頁 142-143；轉引自林淑慧，《台灣文
　　化采風：黃叔璥及其《台海史槎錄》研究》，前引書，頁 208。

　　宗教信仰方面，泉州人祭拜保生大帝，漳州人則是拜開漳聖王。[30] 永和的保福宮即是以保生大帝為主祀，長久以來便是永和地區泉州同安人的共同信仰。而根據當地耆老口述，一九五八年分鄉設鎮時，除了籍貫之外便是以「信仰」來作為區分，信奉保生大帝的泉州人從中和鄉分出，劃歸為永和鎮。[31]

　　這些移民各自帶著原鄉文化的差異來到台灣，因為移墾占地、水圳資源、商業利益的爭奪，形成族群衝突的起因。以男性為主體的早期台灣移民，本就具有好勇善鬥傾向，再加上清治時期對台灣民變、械鬥採取被動的態度——惟有械鬥程度傷亡太過慘烈，官方才會派兵介入壓制，否則是採壁上觀，甚至還會煽動各族群間情緒，以藉機從中獲益。[32] 在公權力不彰的情形下，人民僅能互助自救更加依賴族群關係，以面對激烈的生存競爭。[33]

　　林道衡曾在永和耆老口述座談會上，講述一則漳泉關係緊張的事例。[34] 艋舺的龍山寺由泉州晉江、惠安、南安三縣人組成了「頂郊商業同業會」，負責艋舺地區的道路開闢、設渡口、冬令救濟。而其經費來源，是在淡水河上設關卡收稅。由於它並非官府，所以不能説是「賦税」，遂改稱為「觀音媽的山河錢」。掌握了經濟之後，龍山寺便建立武力，向內保護艋舺，向外則是用來攻打漳州人以將勢力

進駐到中永和地區。當時中和庄人為了防備原住民
襲擊,於現在的圓通寺後山蓋了慈雲寺,以作為武
力駐衛據點。然而龍山寺認為慈雲寺門口掛的燈正
對著龍山寺,會破壞風水,便以此為由出師拆慈雲
寺。從這個事例不難看出,漳泉之間的衝突在現實
土地、經濟利益的激化下,常常擦槍走火,一發不
可收拾。而官府的公權力不彰,無法從中排解甚至
也無意壓制械鬥發生,讓這段時期各族群大小衝突
不斷。

30 台灣省文獻委員會,〈永和市分組座談紀錄〉,《台北縣鄉土史
    料(上冊)》,前引書,頁 193。

31 同上註,頁 193-194。

32 林淑慧,《台灣文化采風:黃淑璥及其《台海史槎錄》研究》,
    前引書,頁 163。

33 戴寶村,〈移民台灣:台灣移民歷史的考察〉,《台灣史十一講》,
    前引書,頁 63。

34 參見台灣省文獻委員會,〈永和市分組座談紀錄〉,《台北縣鄉
    土史料(上冊)》,前引書,頁 189-190。

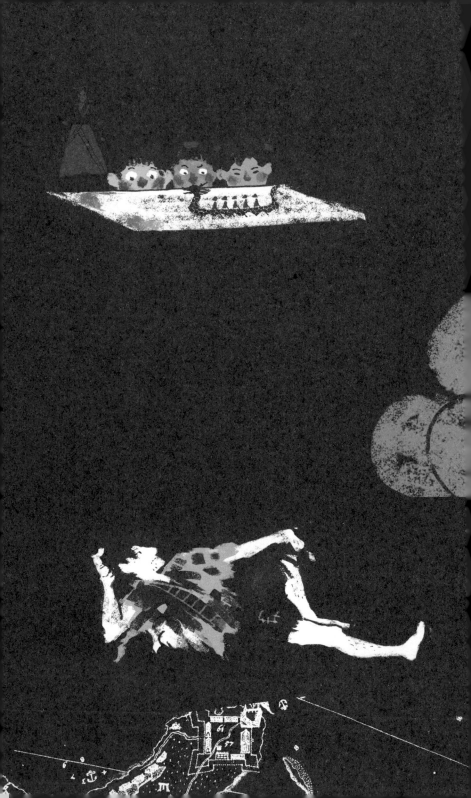

三、社會凝聚準則的轉移

歷經咸豐初年間嚴重的械鬥後，漳州人請同族的林本源從桃園移居到板橋來，以壯聲勢。林本源家族來到板橋，蓋住所門邸，協助板橋城牆修建起來，加強了漳州人的防衛能力。泉州人則因多次械鬥的嚴重傷亡，感於耗損過大，減少衝突興事的發生。

一八六三年，林家除了與泉州領袖莊正聯姻之外，並一起設立「大觀書社」，透過詩會吟詠活動邀集地方角頭勢力共聚，增加往來機會，以藉此消弭族群間的誤會。因成效頗佳，後擴大為「大觀義學」，設立私塾授課講學，教育地方子弟。族群衝突致此，已漸漸平息。

從外部環境來看，十九世紀後期移民們多已在台定居，農業、商業活動與宗教團體皆進入相對穩定的狀況。尤其是到了日治時期，殖民政府推行一連串的行政規劃，採取比之前更為嚴密的社會介入。隨著新的經濟活動推展，同鄉團體漸漸喪失其抵禦外侮與互助的功能——日本政府透過警察和行政組織來維持治安時，建立在自我防衛與互助需求上的宗親會和同鄉會，即失去了最初存在的理由。[35] 於是，以地緣關係為基礎的社會凝聚力，勢必要面臨轉變了。

　　進入現代化社會後，人際辨識的重要指標不再會是祖籍，而是「職業」了。以往認為世系與地籍和個人是密切相關，但現在則是以個人在社會中所處的地位與角色——也就是功能關係，顯得更為重要。[36] 此種轉變對照在聚落型態上，就是以職業為主的街庄出現。例如店仔街，在今天永和自由街、秀朗路口附近，街上有賣日常用品的商店，是永和地區的商業中心。[37]

　　當地緣關係漸弱，族群之間壁壘相對的緊張情勢鬆動，交流便漸漸增加。以語言為例，原本晉渭分明的漳泉方言在多年之後，有了「漳泉濫」的融合現象。[38]

　　現在台灣已經很難找到純漳或純泉的方言，大多都互相滲透，只有混合程度多寡的差異罷了。如前所述，永和因早期交通封閉的關係，保留較多的

35　陳紹馨，〈台灣的社會變遷〉，《台灣的人口變遷與社畫變遷》，台北：聯經，1979，頁 502。

36　陳紹馨，〈台灣的家庭、世系與聚落型態〉，《台灣的人口變遷與社畫變遷》，前引書，頁 444。

37　台灣省文獻委員會，〈永和市分組座談紀錄〉，《台北縣鄉土史料（上冊）》，前引書，頁 184。

38　洪惟仁，〈漳泉方言在台灣的融合〉，《國語文教育通訊》，11期，台南師範學院，1995，頁 84。

同安腔，然而中和地區，則是因為地理位置四周被
泉州方言包圍，於是受影響而成為「偏漳腔」了。[39]

　　第一代漢人移民來台，以祖籍同鄉聚居，由此
彼此照應形成群體。而在經過幾代經營，原先的移
民社會轉型為定居的在地化社會，與原鄉的距離漸漸
淡薄。到了日治時期之後，漢人們更加確立在台灣的
族群識別。「臺灣不認唐山，金門不認同安」，[40] 這
句話形容漢人移民在台灣逐漸定居下來，已經以台灣
作為識別自己身分的印記，就像移居金門的同安人，
在久住金門之後，以金門人自居。這種認同的流動關
係，恐怕是當初械鬥犧牲者所想像不到的。也說明了
族群認同往往是隨著時間和在社會中所居處的位置，
而相對應變化的。不會固定不變。

39　洪惟仁、許世融，〈台北地區漢語方言分佈〉，前引書，頁 9。

40　戴寶村，〈移民台灣：台灣移民歷史的考察〉，《台灣史十一講》，
　　前引書，頁 55。

第三節　從聚落到街庄的生活樣貌

一、清代時期的拓墾移民

　　拓墾社會在以男性為主的同鄉聚居生活底下，莫不以安居立業為目標，期待在新墾地自給自足，安定度日。根據保福宮廟史所述，一八二三年左右永和地區人口約近百人，主要在秀朗、埓潭、溪洲等地建立聚落。居民人口以佃農為多，秀朗、埓潭因有水圳經過，可引水灌溉開發水稻種植，生活相對而言較為安定。而尚無產米的溪洲一帶，則賴種植旱地植物、雜糧（花生、蕃薯、高粱等）維生，房屋多為草房，是個赤貧之庄。[41]

　　永和地區在清代多是羊腸小道，貨物都是以人力挑運，因為路寬無法大到可容牛車。[42] 對外交通主要是靠津渡，有網尾渡、下溪渡和秀朗渡，分別連繫與台北間的往來。其中網尾渡約位於今中正橋上游五百公尺處，昔名網尾寮，一八九二年改為義渡，由政府設立不收渡費。[43]

　　此外，在保福宮旁邊，開設了第一家雜貨店——王信記商號，以方便民眾就近買拜拜的用品。[44] 此時永和隸屬於擺街堡，並包括了秀朗庄、潭埓庄和龜崙蘭溪洲庄。[45]

二、日治時期的居民生活

進入日治時期十年後的一九〇五年，永和地區人口已將近四千人，[46] 此後漸漸成長，於一九四六年時，約有五千多位居民。居民的職業以務農為主，種植稻米、蔬菜、甘藷、茶、香花、黃麻和落花生等。畜產養殖以豬、水牛、雞、鴨占大多數。而在潭墘、秀朗、龜崙蘭溪洲等地，河川、池沼多，可捕魚進行水產業。[47]

水稻種植以自給自足為主，產量不豐。[48] 然而在其他的經濟作物種植上，異軍突起。像是蘿蔔，龜崙蘭溪洲地區土質適合蘿蔔成長，於一九七〇年代之前大量種植。另外龜崙蘭溪洲地區也種植「香花」，包括：梔子花、茉莉、秀英、玉蘭花等。清晨採收下來的香花，立即會被運往大稻埕的茶行，烘乾後與茶葉製成香花包種茶。一九一三年報載，因洪水氾濫淹沒新店溪兩岸的香花園，以至香花產量銳減，價格飆高。而沒有受洪水侵害的植花家，便獲巨資，一夕致富。[49] 由此可見，香花的經濟價值頗高。

另外一種經濟作物，便是甘蔗。福建泉州本即為製糖之地，泉州人移民來到永和龜崙蘭溪洲地區，在無水圳灌溉無法種植水稻的情況之下，自然便種植起甘蔗來。加上日治時期建立台北糖廠，此地的

甘蔗便成為糖廠的原料來源。永和種植甘蔗的地方主要集中在舊廍（現在的和平里）、新廍（現在的新廍里）和瑤廍（現在的保順里）三個地方。[50] 種植的蔗苗從竹蔗改為夏威夷品種（布哇），並由總督府配布，製糖業者購入後耕作，產能增加。[51] 收成便運至位於艋舺的台北糖廠製糖。當時運甘蔗，都是以人力或者是渡船運送，一九一二年台北製糖會社計畫將運甘蔗的輕便鐵道路線延長到溪洲地區，以增加製糖原料運送的速度。[52] 除此之外，台

41　陳東華，《永和常民史》，中和：作者自印，2005，頁 53-54。

42　台灣省文獻委員會，〈永和市分組座談紀錄〉，《台北縣鄉土史料（上冊）》，前引書，頁 184。

43　陳東華，《永和常民史》，前引書，頁 170。

44　王信記創立時間約為 1888 年，參見陳東華，《永和的第一》，中和：作者自印，2009，頁 134。

45　《中和庄誌》，前引書，頁 2。

46　中華綜合發展研究院應用史學研究所，《永和市志（上）》，台北縣：永和市公所，2005，頁 175。

47　《中和庄誌》，前引書，頁 73。

48　陳東華，《永和常民史》，前引書，頁 64。

49　〈利涉大川〉，《台灣日日新報》，漢文版，第五版，1913 年 6 月 14 日。

50　台灣省文獻委員會，〈永和市分組座談紀錄〉，《台北縣鄉土史料（上冊）》，台北：台灣省文獻委員會，1997，頁 183。

51　〈配布蔗苗〉，《台灣日日新報》，漢文版，第五版，1902 年 2 月 16 日。

52　〈臺北製糖輕鐵延長〉，《台灣日日新報》，第二版，1912 年 4 月 17 日。

北廳於一九〇六年規劃將永豐圳從秀朗庄、潭墘庄延長至龜崙蘭溪洲，預計一九〇七年底完工後，龜崙蘭溪洲開始耕作水田，產能將大幅提高。[53]

於是，農家引水灌溉，發展出另一項產業——磚瓦製造。中永和地區田間土壤不含鹽分，適合製磚，而農家為便於引水灌溉稻田，遂將高出水道的泥土剷平，再賣給窯廠製磚。[54] 磚瓦和石灰製造興盛，從「灰窯」和「瓦窯」等地地名，即可看出。日治時期台北城內興築房屋，磚瓦的需求量大，中永和的製窯場便提供磚瓦供給城內所需。

因為建屋需求而起的產業，還有砂石業。新店溪上的採砂工人掏選細沙，再以載砂船運至對岸艋舺地區。[55] 採砂石是當時永和居民累積財富，重要的經濟來源之一。

這時期的永和，日本人在此定居的很少，僅有五十六位，以公家機關的官僚為主。[56] 因此由日本人所開設的山崎染布廠（位置就在今日的文化路與永和路轉角），就顯得相當特別了。染布場主要是供應日本人服裝所需，以深色布料為多。由於經常在文化街永豐圳的大水溝清洗布料，使溝水變成黑色。[57] 這家染布場的成立，也顯示永和有種植染料植物——小菁。

　　商業方面，永和的店仔街地勢較高不易淹水，又位於中心位置占地利之便，因此發展成商業中心。街上有間派出所，商店以服裝店和雜貨類商品居多，且大部分是從台北艋舺和大稻埕等地，引進商品來販賣。[58] 耆老們回憶說，當時永和沒有打鐵店供應農具，若有需要則要到艋舺去買。[59]

　　永和在一九三七年川端橋（今中正橋）竣工之前，與台北交通以渡船為主。龜崙蘭溪洲的船舶數量在一九三一年便高達六十七艘。[60] 由此也可以想見，永和地區具有某種程度的封閉性，也正因如此才能將泉州同安腔保存下來。

53　〈臺北永豐圳〉，《台灣日日新報》，第二版，1906 年 12 月 28 日。

54　「中和磚窯的興衰」（2006 年 2 月 24 日）。取自「中和庄文史研究協會網（另見：《文史通訊》24 期）」：http://blog.roodo.com/hotown/archives/4131087.html，（2011 年 11 月 8 日瀏覽）。

55　陳東華，《永和的第一》，前引書，頁 116。另參見〈龜崙蘭溪洲採花女 九人中溺死四人〉，《台灣日日新報》，第四版，所提到的載砂船，1929 年 8 月 20 日。

56　《中和庄誌》，前引書，頁 29。

57　陳東華，《永和的第一》，前引書，頁 106。

58　台灣省文獻委員會，〈永和市分組座談紀錄〉，《台北縣鄉土史料（上冊）》，前引書，頁 184。

59　同上註，頁 185。

60　《中和庄誌》，前引書，頁 89。

三、落地生根的永和常民

　　永和地區於一九四五年二次大戰結束之時，人口約五千餘人。[61] 二次戰後，國民政府來台，為了安置湧入台灣的民、兵，且在防空避難疏散都會人口的原則之下，永和成為人口移入的主要地區之一。[62] 從永和地區一九五○到一九六○年代的人口成長趨勢圖看來，這段時間裡由外地移入的人口增加十倍之多。

●10 ｜ 永和地區 50-60 年代人口成長趨勢圖

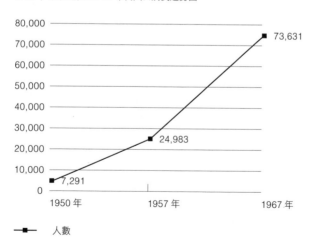

　　資料來源｜張曉春，〈台北縣永和鎮都市化之研究 (上)〉，《思與言》7 卷 5 期，1970.1，頁 24。

● 11 ｜ 興工搶建永和堤（一九六二年八月五日）｜ 中央社提供

圖片說明｜協建台北縣永和堤的兵工健兒，為了保全居民的生命財產，在颱風歐珀來臨前，冒著狂風暴雨，搶建河堤。｜中央社記者潘月康攝 · 五十一年八月五日

61　張曉春，〈台北縣永和鎮都市化之研究（上冊）〉，《思與言》，
　　7 卷 5 期，1970.1，頁 24。

62　章英華，〈台北縣移入人口與都市發展〉，《台北縣移入人口之
　　研究》，台北縣：台北縣文化，1993，頁 55。

　　原本的拓墾移民皆已落地生根，並且以在地人自居。新的移民在戰後陸續湧入，五〇年代以外省籍移民為主，六〇年代則以島內的城鄉移民為大多數，讓永和地區興起分鄉設鎮的欲望，並朝向都市化發展。

　　戰後的永和在地居民，以種植蘿蔔聞名。[63] 然而隨著人口增加，房屋需求激高，土地移為建地之用，地景漸從阡陌轉為屋舍櫛比鱗次。原先的農業日漸縮小在產業上所占的比例，轉以製造業為主。永和的美光染織廠，位在今天的中和路上，創立於一九五〇年六月，是永和最早外省族群來此設立的大工廠。主要的產品有毛巾、浴巾、毛巾被、帆布、毛毯、棉毯等。[64] 此外，戰後由外省籍人來永和創設的工廠還有中國皮鞋公司、美豐紡織廠、良友化學品製造工廠等，不僅改變永和地區的地貌，也使得原本務農的居民職業，多了一個選項──進入工廠工作。[65]

　　隨著人口湧入以及產業發展，原先連牛車都無法通過的小徑，也拓寬為線道，並築堤建橋以方便與台北市的交通往來。五〇至七〇年代，中正橋數度拓寬；一九六三年，永和堤防竣工，廢除秀朗渡。[66] 以津渡往來新店溪兩岸的生活記憶，遂被日後一一修築的聯外橋梁所取代。

　　教育方面，永和地區於日治時期正式的學校有一九二二年所設立的漳和公學校溪洲分教場，到一九三九年時，約有學生兩百名。[67] 二次戰後改稱為溪洲國民學校，即今天的永和國小。之後，各級學校的設立年代為：

設立年代	學校
一九二二	永和國小
一九五一	及人小學
一九五五	頂溪國小
一九五五	金甌女中永和分校
一九五七	復興商工
一九五八	竹林小學
一九六三	育才小學
一九六五	智光商工
一九六八	網溪國小
一九六八	永和國中
一九七一	永平國中
一九七六	秀朗國小
一九八〇	福和國中
一九八二	永平小學

● 12 ｜ 永和地區學校設立年代表

資料來源｜《永和市志（下）》，台北縣：永和市公所，2005，頁430。

　　其中私立學校即占有六所，[68]可看出外來人口移入後，對於教育的需求也隨之提高。

　　永和在承接大量二次戰後的移民遷居，住宅需求增加，無須建照與都市計畫未能及時實施的情況之下，造成巷弄空間彎曲、寬狹程度過大，[69]也形成了所謂的「小巷王國」。[70]已在永和落地生根的民眾，無論先來後到都得習慣現今永和的巷弄生活。

63　陳東華，《永和的第一》，前引書，頁 117-118。

64　《中和鄉志》，台北縣：中和鄉公所，1958，頁 398。

65　陳東華，《永和的第一》，前引書，頁 107-109。

66　台灣省文獻委員會，〈永和市分組座談紀錄〉，《台北縣鄉土史料（上冊）》，前引書，頁 184。

67　〈中和校數〉，《台灣日日新報》，漢文版，第四版，1939 年 4 月 30 日。

68　另有勵行中學於 1969 年遷校至樹林鎮，改稱樹人中學。

69　王鏗惠，〈台北衛星城市變遷之研究──以戰後永和為例〉，淡江大學建築學系論文，2003，頁 118。

70　舒國治，〈無中生有之鎮──永和〉，《聯合文學》，16 卷 7 期 187 號，2000，頁 20。

第四節 文化景觀

一、家族古厝

　　早先漢人移民來到永和地區，以同鄉聚居為主。落地生根後，隨著家族繁衍，同姓聚落於焉相繼產生。以下將介紹永和地區主要家族所建立的房厝聚落，這些漢人古厝留存至今，印記了移民當年的生活樣貌，形成文化景觀之一。[71]

劉厝
位於秀朗路二段一七三巷到一八一巷裡，劉姓是秀朗的大姓，先人來此地開墾生活，形成家族聚落。

邱厝
位於福和橋下引道轉永利路的轉彎處，祖籍為福建漳州平和，來台已有兩百多年歷史。

孫厝
為於福和橋頭北邊，祖籍福建泉州同安，來台時先至新店再轉遷至秀朗，家族興盛，是永和地區大家族之一。

71　家族古厝介紹資料來源為：李順仁，〈尋訪永和〉，《北縣文化》，78 期，2003.9，頁 4-16。

陳厝

位於安樂路五十八巷至七十二巷內,是潭墘的大姓,從漳州先到店仔街崁腳,後再遷至潭墘。在永和成立祭祀公業管理委員會,以租金維持祭祀業務。

王厝

位於永元路東面秀朗路上。日治時期由三峽遷來秀朗,落地生根。

網溪別墅

位於博愛街七號,一九一九年士紳楊仲佐欲仿王維的輞川別墅,在網溪旁構築二樓和式結構的建築,設計庭園景觀。園內種植菊花、茶花、蘭花和五色牡丹,珍稀品種上百以計。每年秋季廣邀文人雅士富紳政要來此賞花吟詩。其子畫家楊三郎將畫室設於別墅二樓,並設置為楊三郎美術館推廣其畫作。

林祿公祖廟

位於仁愛路一二六號,其家族為永和最大的族群,祖籍福建泉州同安。林祿公祭祀公業在永和有很多土地,過去大多為同宗所承租,外地人來永和時,再轉租。但常因為收不到租金而無法繳稅,便低價售予承租戶。一九六〇年代永和路拓寬時,收到一筆政府徵收土地的款項,決定以此建造宗祠。

二、信仰中心

　　與其他地區相較，永和的漢人信仰中心數量較少。或許是因為當初移墾時，人口不多的緣故。而留存下來的廟宇，皆為地方民眾信仰所託，每年的祭祀大拜拜熱鬧非常，成為永和漢人生活的一部分。以下便就各信仰中心的歷史由來，逐一介紹。[72]

保福宮

位於仁愛路下溪里，創於清道光年間，主祀保生大帝由台北大龍峒保安宮分靈而來，是泉州同安人的守護神。[73] 依據一九〇六年的社寺調查記載，早期由於溪洲居民生活困苦，無餘錢興建美輪美奐廟宇，故庄民們聚金三十圓搭建一小茅屋奉祀保生大帝與觀音佛祖。後遭水患破壞，再聚金一五〇圓建廟宇，其後數回修繕。[74]

店仔街土地公廟：福德宮

位於秀朗路與保福路交岔口，是永和地區最早的土地廟。早年溪底溝可直通新店溪，隨船運來的貨物便在店仔街集散。每年的土地公生日，福德宮都會舉辦大型的祈福活動，現場不但有傳統的陣頭繞境，還有成立已超過半世紀之久的「永和社」表演傳統古樂，替民眾祈福。此外，每年到了年底，福德宮都會搬演出土地公年尾戲，熱鬧非凡。[75]

秀朗福德宮

位於成功路一二九巷內與民樂街相接處,是秀朗社遺留的土地公廟。原是建於秀朗社林姓舊宅的石厝,由李、杜、廖、潘、蔡及早期秀朗社家族共同管理,屬於角頭廟。一九九二年遷至現址,設管理委員會管理。

- -

福和宮

位於中山路進入保福路一段左邊約一百公尺處,為溪洲地區的土地公廟。原先是無主古墳稱作聖公仔,後因保福路拓寬覓得現址建造而成。主神為福德正神,旁祀王源公與永靈公二牌位。

三、民俗活動

從永和的過往歷史一路看下來,我們可以發現在早先聯外橋梁尚未興築的年代,永和對外往來依賴津渡,交通其實是以水運為主。再加上砂石產業必須在新店溪裡掏撈砂石,生活與河岸息息相關。翻閱日治時期的《台灣日日新報》,可以發現多則永和龜崙蘭溪洲民眾舉行划船競渡活動的消息。對於當年依河而居,生活多為清苦儉樸的永和人而言,划船競渡不僅僅是在特定節日才舉行的節慶活動,更是夏日生活中的娛樂活動。

　　一九一三年六月二十三日報載，為了安慰淡水河中的死靈，永和的溪洲庄與對岸的古亭庄舉行為期八天的龍舟競渡。下午四點到七點的賽程時間，兩岸可以看到許多民眾乘涼蔽日前來觀賽。最後一天還會有歌仔戲演出。[76] 一月餘後的七月二十四日，報載因為上次勝負未分，所以決定再決雌雄，由龜崙蘭溪洲庄人和加蚋庄人出賽。[77] 一九二九年七月十五日，因工業株式會社楊萬水發起，邀請龜崙蘭溪洲和東園、西園人舉行為期一週的龍舟競渡會。[78]

72　　信仰中心介紹資料來源主要為：李順仁，〈尋訪永和〉，《北縣文化》，前引書，頁 4-16。

73　　池勝和，〈漫談大溪鎮永和市史蹟〉，《史聯雜誌》，21 期，1992.12，頁 114。

74　　《中和庄誌》，前引書，頁 61。

75　　〈走踏懷舊的永和老街──永樂里〉，《永和享活誌》，vol.7，2007.10，版 2。

76　　〈古亭庄の競龍舟〉，《台灣日日新報》，第五版，1913 年 6 月 23 日。

77　　〈龍舟競渡續報〉，《台灣日日新報》，漢文版，第六版，1913 年 6 月 23 日。

78　　〈龍舟競渡〉，《台灣日日新報》，漢文版，第六版，1929 年 7 月 15 日。

　　從這些記載可以知道，龍舟競渡大多是在夏天的傍晚舉行，庄裡的划船選手們可能在工作之餘，便相約到河邊練習。競賽時，參與的庄裡民眾會到兩岸加油觀賽，甚至請軒社或戲班搭台演出。然後再就著夏日黃昏的彩霞，各自延著岸邊回家吃飯。這幅景象，豈不與當年台灣人守著電視機，為紅葉少棒選手加油相似嗎？

　　除此之外，在傳統音樂方面，軒社於日治時期開始相繼成立。永和地區的五大軒社為：後溪州的盟樂社、溪州的聚賢堂、店仔街的永和社、溪州的全華軒及新廍的南清社。[79] 軒社的成立背景多為居民在農閒之餘，聚會彈奏音樂，怡情娛樂、聯繫感情。聚賢堂、全華軒及南清社的成員以務農為主，永和社則以商人為主。盟樂社是由富有人家所組成，因此能聘請名樂師教學、舉辦子弟戲的公演，經濟實力最為雄厚。[80]

　　另外便是永和第一個也是唯一的布袋戲團「明虛實」。林添盛於一九三一年承襲父業，創立明虛實。演出地點以文山區新店一帶的安溪人居住地為主，因為安溪人在夏初，有迎神巡迴祭拜的習俗，會請布袋戲團演出。後來永和的同安人接受了這個習俗，在迎神拜拜時也會請明虛實演出。[81]

第五節　結論

　　永和地區從早先的原住民聚落，到漢人移墾建立同鄉聚居，一路以來依傍著新店溪、淡水河，在台北與中和兩地中間，成長為獨具一格的城市。漢人移民來此定居後，歷經水災、地瘠、族群械鬥等重重考驗，因地制宜發展自給自足的經濟產業，在這塊地區落地生根下來。

　　津渡的年代，藉著河川的保衛，永和漢人保存了同安鄉音；橋梁的年代，永和漢人變成少數，混同在各種鄉音裡，面對著比漳泉衝突時更多元的族群關係。這種既封閉又開放的的特性，形成了永和獨特的氣味。我們應該相信，這地方在未來能繼續包容更多元的族群，彼此尊重，融匯出相互共榮的地方風采。

79　「簡述南清社」（2008 年 11 月 5 日）。取自「allan2000 永河南清社網」：http://www.wretch.cc/blog/allan2000/25148378，（2011 年 12 月 2 日瀏覽）。

80　同上註。

01　陳東華，《永和的第一》，前引書，頁 12-13。

參考書目

書籍

《中和庄勢一覽》，台北：中和庄役場，1929。

《中和庄誌》，台北：中和庄役場，1932。

《中和鄉志》，台北縣：中和鄉公所，1958。

《臺灣在籍漢民族鄉貫別調查》，台北：臺灣總督官房調查課，1928。

中華綜合發展研究院應用史學研究所，《永和市志（上）（下）》，台
　　　北縣：永和市公所，2005。

尹章義，《臺灣開發史研究》，台北：聯經，1989。

台灣史料（上冊）》，台北：台灣省文獻委員會，1997，頁 221-257。

台灣省文獻委員會，〈永和市分組座談紀錄〉，《台北縣鄉土史料（上
　　　冊）》，台北：台灣省文獻委員會，1997，頁 179-213。

吳學明，《永和市志》，台北縣：永和市公所，1986。

林淑慧，《台灣文化采風：黃淑璥及其《台海史槎錄》研究》，台北：
　　　萬卷樓，2004。

翁佳音，《大台北古地圖考釋》，台北縣：台北縣立文化中心，1998。

盛清沂、宋建華，《永和鎮志》，台北縣：永和鎮志編纂委員會，1965。

盛清沂、宋建華，《重修永和鎮志》，台北縣：永和鎮公所，1973。

章英華，〈台北縣移入人口與都市發展〉，《台北縣移入人口之研究》，
　　　台北縣：台北縣文化，1993，頁 53-78。

許雪姬等，《臺灣歷史辭典》，台北：遠流，2003。

陳東華，《永和的第一》，中和：作者自印，2009。

陳東華，《永和常民史》，中和：作者自印，2005。

陳紹馨，《台灣的人口變遷與社畫變遷》，台北：聯經，1979。

劉良璧，《福建通志台灣府》，文叢：84，台北：台灣銀行經濟研究室，
　　　1961。

戴寶村，〈移民台灣：台灣移民歷史的考察〉，《台灣史十一講》，台
　　　北：國立歷史博物館，2006，頁 48-67。

學位論文

王鏗惠，〈台北衛星城市變遷之研究──以戰後永和為例〉，淡江大學
　　建築學系論文，2003。

期刊資料

〈走踏懷舊的永和老街──永樂里〉，《永和享活誌》，vol.7，2007.10，
　　版 2。

池勝和，〈漫談大溪鎮永和市史蹟〉，《史聯雜誌》，21 期，1992.12，
　　頁 112-115。

李順仁，〈尋訪永和〉，《北縣文化》，78 期，2003.9，頁 4-16。

定川喜代志，古舜仁譯，〈擺接庄的沿革〉，《北縣文化》，52 期，1997.4，
　　頁 24-27。

洪惟仁，〈漳泉方言在台灣的融合〉，《國語文教育通訊》，11 期，
　　台南師範學院，1995，頁 84-100。

洪惟仁、許世融，〈台北地區漢語方言分佈〉，出自：中央研究院台灣
　　史研究所，「台灣的語言方言分佈與族群遷徙工作坊」發表之
　　論文，2008.12。

張曉春，〈台北縣永和鎮都市化之研究（上）〉，《思與言》，7 卷 5 期，
　　1970.1，頁 22-34。

張曉春，〈台北縣永和鎮都市化之研究（下）〉，《思與言》，7 卷 6 期，
　　1970.3，頁 44-50。

舒國治，〈無中生有之鎮──永和〉，《聯合文學》，16 卷 7 期 187 號，
　　2000，頁 18-24。

溫振華，〈清代擺接平原一代的族群關係〉，《北縣文化》，　　52 期，
　　1997.4，頁 15-28。

參考書目

報刊資料

〈中和校數〉,《台灣日日新報》,漢文版,第四版,1939 年 4 月 30 日。

〈古亭庄の競龍舟〉,《台灣日日新報》,第五版,1913 年 6 月 23 日。

〈利涉大川〉,《台灣日日新報》,漢文版,第五版,1913 年 6 月 14 日。

〈配布蔗苗〉,《台灣日日新報》,漢文版,第五版,1902 年 2 月 16 日。

〈臺北製糖輕鐵延長〉,《台灣日日新報》,第二版,1912 年 4 月 17 日。

〈臺北永豐圳〉,《台灣日日新報》,第二版,1906 年 12 月 28 日。

〈龍舟競渡〉,《台灣日日新報》,漢文版,第六版,1929 年 7 月 15 日。

〈龍舟競渡續報〉,《台灣日日新報》,漢文版,第六版,1913 年 6
  月 23 日。

〈龜崙蘭溪洲採花女 九人中溺死四人〉,《台灣日日新報》,第四版,
  1929 年 8 月 20 日。

網路資料

「中和磚窯的興衰」(2006 年 2 月 24 日)。取自「中和庄文史研究協
  會網(另見:《文史通訊》24 期)」:http://blog.roodo.com/
  hotown/archives/4131087.html,(2011 年 11 月 8 日瀏覽)。

「簡述南清社」(2008 年 11 月 5 日)。取自「allan2000 永河南清社網」:
  http://www.wretch.cc/blog/allan2000/25148378,(2011 年 12
  月 2 日瀏覽)。

韓國華僑

第二章

第二章
韓國華僑

第一節　戰前韓國華僑的發展

　　在戰前，華人在朝鮮的地位受到清國強力的庇護，以宗主國國民的身分享有較朝鮮人優越的地位，並主導朝鮮的經濟，直到清國在日清戰爭戰敗，喪失對朝鮮的支配權後，華僑原有的優越地位才逐漸產生變化。[1]

　　清國的戰敗改變了華僑的貿易型態，也影響了其祖籍的構成比例。日清戰爭以前，在韓國經商的華僑大多是清國南方出身、具有相當政經背景的大商人。他們以清國南方為根據地設立店面，先後在日本、朝鮮開設分店，擴展貿易範圍。戰爭後，清國對朝鮮的貿易輸入不減反增，但是原本在朝鮮經商，受到清國庇護的南方巨商在日清戰爭後開始逐批離開朝鮮，取而代之的則是來自山東省的商人。這些山東商人離開清國的主要原因是西元一九〇〇年（文後以略：「西元」記）發生在山東省的義和團事件，威脅到他們的生命財產。

　　山東商人進入朝鮮內地後，經商方式變成以朝鮮當地作為行商的中心設立永久的店舖。從南方商人到山東商人，這樣的轉變被稱為由「東亞貿易網絡」（東アジア貿易ネットワーク）轉向「中朝貿易網絡」（中朝貿易ネットワーク）。[2] 這些商人定居在朝鮮，在當地發展出多樣的商業活動，成員包括了小商人、農業者與勞動者。其中如從事蔬菜耕種的農業者，除了自給自足外，還供應華僑餐廳食材，在一九二〇年代以降壟斷了朝鮮的蔬菜市場。勞動者的比例也迅速增加，與朝鮮當地的勞工時有衝突。[3] 隨著華僑在經濟上站穩陣腳後，華僑的家庭結構也從個人發展為在當地定居的家族。

　　華僑在朝鮮的勢力擴大也影響了當地人對華僑的觀感。日清戰爭後，失去宗主國特權的華僑開始與鑄造偽幣、吸鴉片、人口販賣的形象連在一起，華僑的經濟優勢則被當成是朝鮮社會的「蛭」、「朝鮮的吸血蟲」。進入日治時代後，蔑視華僑的觀念開始一般化，[4] 特別是一九二〇年代華僑勞工大量進入朝鮮後，刺激了當地勞工的危機感，連帶也催化了對華僑的敵意。以此為背景，最後發展出多次排華事件。除了勞工問題外，在滿洲的中國官吏壓迫當地朝鮮人的新聞也時有所聞，最後在日本有意的策劃下，造成了一九二　年的萬寶山事件，以及隨後朝鮮當地大規模的排華運動。

　　進入日治朝鮮時期後，朝鮮總督府開始管制華僑貿易，並集中在布料貿易上。一九二四年，朝鮮總督府對中國絹織品課 100% 的關稅，以解決日本對朝鮮輸出供給過剩的問題。[5] 之後，一九三一年的萬寶山事件則成為同一年滿洲事變的前奏，事變後，朝鮮對中國的輸出貿易達 95%，這些輸出品大多轉往滿洲，而向來與中國作生意的朝鮮華僑因為在滿洲缺乏貿易管道，很自然地就被排除在經商良機之外。到了一九四一年太平洋戰爭（編按：第二次世界大戰之太平洋戰役）爆發後進行物資管制，華僑原有的輸出品如海產、藥材與牛皮都被禁止，韓國華僑的貿易開始大量衰退。

　　在種種歷史因素下，與其他地區的華僑比起來，韓國華僑具有一些特徵：由於韓國境內的普遍排華意識，戰後韓國華僑歸化韓國的比例很小，絕大多數持有中華民國護照、經濟能力較其他國家的華僑薄弱、由於大多上韓僑學校，語文的使用與生活習慣仍依原有的習俗，有些較老的韓國華僑，終身居住在韓國，會說韓國話不多。[6]

1　王恩美，《東アジア現代史のなかの韓国華僑：冷戦体制と「祖国」意識》（以下簡稱《東アジア現代史のなかの韓国華僑》），東京都：三元社，2008，頁 98-104。

2　王恩美，《東アジア現代史のなかの韓国華僑》，前引書，頁 59-60。

3　王恩美，《東アジア現代史のなかの韓国華僑》，前引書，頁 67-72。

4　李正熙、金桂淵、崔孝先，〈韓國社會の韓國華僑に對する差別に關する歷史學的考察〉，《京都創成大學紀要》，7 卷 1 期，2007，頁 143-145。

5　王恩美，《東アジア現代史のなかの韓国華僑》，前引書，頁 74。

6　侯丞芝，〈在台韓國華僑夫妻勞動經驗之考察：台北都會區之田野研究〉（以下簡稱「在台韓國華僑夫妻勞動經驗之考察」），政治大學社會學研究所碩士論文，2006，頁 2-3；簡珮韻，〈韓華與永和韓國街：一個經濟面向的國際遷移調適研究〉（以下簡稱「韓華與永和韓國街」），臺灣師範大學地理研究所碩士論文，2004，頁 26-27。

第二節　韓國華僑的遷台的歷程：留學與觀光

一、推力與拉力

目前研究移民的理論取向大多以「推拉理論」（push-pull theory）為主，認為產生遷移的原因是因為原居地的環境條件的負面因素，以及遷入地正面因素與吸引力交互作用而成。現有的韓國華僑研究也大多以這樣的取向為中心。觀察兩個地點影響移民意願的正向與負面的因素，再總合評估。

這些研究大多採用採訪田調的方式進行，樣本數不多，而採取這樣的方式部分原因是過往的官方統計數字過於草率之故。[7] 不過配合其他著作的對照，大體上呈現出在韓國與中華民國之間，推力大於拉力的情況。如前所述，在韓國社會普遍有排華傾向，一九四五年大韓民國成立後，對於過去華僑的經濟影響力甚為戒慎，因此以國籍法、工作權、居住權與課稅為主，對華僑施加各種限制。

在國籍法方面，韓國嚴格限制外國人取得國籍，在華僑占韓國移入人口大多數的情況下，可以說是針對華僑所設下的限制，而這也阻礙韓國華僑參與當地的事務。一九四八年通過的國籍法，採用以父系血統

主義，外國人若要取得國籍，必須娶韓國女子為妻、父母其中之一為韓國人或是歸化為韓國國籍者。不具韓國人血統者，即使歸化為韓國國籍，在擔任公職上也不能擔任要職。[8] 儘管外國人擔任公職的限制在一九六三年九月三十日南韓的國籍法修訂中被刪除，不過歸化的條件被嚴格限制。在一九四八年的國籍法裡，想要歸化的外國人必須在韓國住滿五年、具有行使韓國法律的能力、品行端正、具有維持獨立生計與技能，且願意放棄舊有國籍者，不僅審核訴諸主觀標準，在行使細節上也多另有嚴格的細則規定。[9]

7　張春蘭，〈近幾年來旅韓華僑從韓國移入臺灣的動向分析（1970-1977）〉（以下簡稱「近幾年來旅韓華僑」），臺灣大學地理學系學士論文，1979。此外在李效再、朴銀瓊的論文裡也提到問卷調查與口訪間明顯不一致的差異「值得一提的是，對於回國動機的問卷與訪問調查結果相差很大。如對於『為什麼決定回國』的問題，訪問時大都表示，他（她）們本來想去美國，但由於手續辦理困難才回國，但在問卷上的回答則是：1）嚮往祖國四十五人；2）手續簡便二人；3）子女教育二人；4）其他二人及不回答十五人。嚮往祖國的比例占百分之七十。這一現象可能是因他們不願留下真實紀錄，而口述無這項顧忌，因此回答較近於事實。透過此次實地調查，筆者發現中國人似乎不願將自己的意見留作紀錄，故問各與訪問的結果出入很大。」，詳見李效再、朴銀瓊，叢成義譯，〈旅韓華僑及其流動之研究〉，《韓國學報》，4期，1984.12，頁110。

8　王恩美，《東アジア現代史のなかの韓国華僑》，前引書，頁185-192。

　　沒有南韓國籍的華僑在取得居住土地上也被嚴格的限制。一九六一年制定的土地法中，外國人若非國防、產業或其他公共目的，禁止取得土地。當時韓華為了因應政策，僅能將土地轉移到韓國友人或妻子名下，常生糾紛。後來在一九六八年經過修改，限制土地取得僅能在六六〇平方公尺（二〇〇坪），並且要經過內政部長的同意，而商業場所則須在一六五平方公尺（五十坪）以下，違規者土地沒收。在這些法令的嚴格限制下，韓國在一九六〇年代開始發展都市計畫，華僑在土地取得限制下，無法與韓國大企業對抗，原有的幾個中國城就在都市計畫下強迫消滅。[10]

　　最後則是課稅，戰後南韓的貿易政策以發展民族資本為中心，包括了「輸出入政策」、「外國為替政策」、「關稅政策」，這些政策同時還結合了對華僑經濟的警戒規範。[11]以「輸出入政策」、「外國為替政策」而言，戰後初期大量依賴外援的韓國，其民族經濟政策的實際作法為「輸入代替工業化」，意即控管輸入韓國的商品品項，使其集中輔助工業化，再以工業化的產品來振興輸出。一九四九年一月二十五日，韓國發布「輸入比例制度」，由商工局以三個月為一期，發布允許輸出入的商品品項與數量。

　　這樣的政策嚴格管制民間貿易。華僑不再能夠隨意地輸入大量物資，特別華僑重要的輸出品如重石與高麗人蔘，都是韓國政府的管制、專賣品，在向國家申請貿易允許時，在人脈與政府的支持上也不如韓國商人，形成制度上的先天劣勢。

　　關稅政策的限制則是隨著國籍法的規定而產生。沒有韓國國籍的人不能設置保稅倉庫，而且不得為倉庫所有人。[12] 可以說，華僑對於進口的商品既無保稅倉庫的營運權，也沒有通關進入韓國國內市場的權利。

9　　王恩美，《東アジア現代史のなかの韓国華僑》，前引書，頁 193-194。

10　　王恩美，《東アジア現代史のなかの韓国華僑》，前引書，頁 221-224。

11　　王恩美，《東アジア現代史のなかの韓国華僑》，前引書，頁 205。

12　　保稅倉庫是指經海關核准，專門供入境貨物存放保稅貨物的專用倉庫。在保稅倉庫的貨物照國際通行的保稅制度可暫時免納進口稅款，免領進口許可證件（違禁品除外），可在海關規定的存儲期內復運出境或辦理正式進口手續。詳見 「MBA.lib：保稅倉庫條目」。取自「MBA.llb 智庫網 百科」，http://wiki.mbalib.com/zh-tw/%E4%BF%9D%E7%A8%8E%E4%BB%93%E5%BA%93，（2011 年 12 月 4 日瀏覽擷取）。

　　與韓國境內不良的居住環境相對地，戰後中華
民國政府給予韓國華僑優沃的禮遇。以國籍法而言，
中國民國的國籍採用血緣制，只要出生時父母之一
為國民，無論在哪裡出生都屬於中華民國國籍。此
外，在一九九二年以前，辦理身分證相當容易，依
據「戡亂戰時台灣地區入境出境管理辦法」中的「回
國僑生戶籍登記辦法」，先至學校所在的警察局辦
理入境報到，再至區公所辦理臨時身分證，兩星期
後就可以收到正式身分證。因身分證辦理的過程簡
單，也使華僑對於「自由祖國」更有歸屬感。[13]

　　與國籍相對應的是出入境的便利，在戒嚴時期，
中華民國政府對出入境的管制嚴格，手續複雜，不過
為了拉攏華僑，華僑在出入境的手續上，較一般民眾
與公務人員更為方便。韓華在台灣即使沒有設戶籍，
也可以向南韓的中華民國大使館辦理加簽，領取「海
外返國華僑再出境證」，不需再辦入境及出境證。即
使來不及辦加簽，也可以在旅途中到中華民國的駐外
單位辦理。居留以三個月為限，逾期辦理近期居留最
長可以到六個月。[14]

　　辦理移民也很方便，據張春蘭在一九七九年所
作的調查訪談，手續約一星期至一個月，一般貨物多
以船運由釜山港運到基隆港，人則攜帶一些簡便的貨
物乘飛機由金浦機場到松山機場（一九七九年二月

二十六日桃園中正機場啟用後改為這裡）。流程大致為：1.申請戶照。2.到大使館辦搬運證。3.辦入境證。4.到法務部簽未課稅證明。5.繳交居留證。[15]

二、來台的留學生

南韓對於外國人歸化與經濟政策都採取壓制的手段，相對地在教育政策則採完全的放任，華僑學校中的課程、教科書、師資等全都由華僑學校自己決定。韓僑學校用中文授課，國小、國中、高中的課程和教科書都與台灣一樣，師資方面，國小教師大多採用韓僑學校畢業生，國中與高中則錄用臺灣師範大學與其他台灣大學畢業者。[16]

在南韓的華僑若要進入韓國的大學就讀，根據韓國教育部的規定，除了漢城大學與延世大學外，都不用經過考試。但是，因為在華僑學校都用中文授課，雖然大部分的華僑都會講韓語，但是程度尚

13 簡珮韻，「韓華與永和韓國街」，前引書，頁 36-37。

14 簡珮韻，「韓華與永和韓國街」，前引書，頁 51。

15 張春蘭，「近幾年來旅韓華僑」，前引書，頁 44-46。

16 康恩談，〈韓國政府的華僑政策〉，臺灣大學國發所碩士論文，
    2003，頁 71-72；李效再、朴銀瓊，叢成義譯，〈旅韓華僑及其
    流動之研究〉，前引書，頁 89-90。

不足以理解大學課程，此外韓國大學的學費也非常貴。[17] 南韓會開放讓華僑進入大學就學，基本上是著眼於華僑的學費。一方面，華僑因為語言種種限制，不見得能夠順利畢業，另一方面，即使畢業了也難以融入排外的南韓社會。華僑沒有充足的工作機會，既不易在當地政府機關或學術單位工作，就算進入南韓的民間企業，也無法與韓國人有相同的升遷機會。南韓政府要求企業的員工一定要服過兵役，而華僑並無服兵役的義務，從一開始就處於不利的地位。[18]

　　戰後華僑學校教育是以中華民國為國族認同的華僑政策中最具代表性的範例。在「無僑教即無僑務」的方針下，不僅主導韓國與南韓華僑學校的單位為中華民國大使館，學校的理事會人事必須經過駐韓大使的同意。從一九五〇至一九六〇年代，華僑學校的數量迅速地在南韓境內擴張，到了一九五五年開始，原有的華僑中學陸續設立高級部。一九七〇年代是華橋學校最多的時期，然而從後半開始，華僑開始大量外移，兒童與學生的數量大量減少，連帶地也影響了學校的營運。

　　由於華僑學校急速增加，各地學校的師資不足。從一九五四年開始，各地華僑學校除了招聘來自台灣的教師以外，也積極地將華僑高中畢業的學生送

往台灣的師範學校進修。一九五五年，僑務委員會
為了解決教師不足的問題，設立了「臺灣省立師範
大學華僑師資專修科」，將華僑小學的教師送至台
灣進行一年的再教育，再回到南韓的華僑小學教書。
除了師資專修班以外，僑委會還會於每年寒暑假舉
辦「歸國研修」，費用全由委員會負擔。這兩項政
策，師範專修科一直持續到一九八○年代，研修旅
行則一直持續到二○○○年以後。[19]

　　相較於就讀韓國的大學的困難，華僑學校立下
的基礎加上各種留學的優惠條件，使得韓華對於留
學台灣趨之若鶩。一九五二年五月，立法院通過〈當
前僑務施政政策要點〉，在華僑教育方面「獎勵華
僑青年回國就學，對於入境入學，應予以切實便利
與輔導，積極鼓勵海外技術青年回國參加反共抗俄
實際工作，大量招訓海外各地忠貞優秀青年，儲備
海陸空軍幹部。」不但教育部與「大學暨僑大先修
班海外聯合招生委員會」每年到南韓舉辦宣導、招
生與考選測驗，同時也放寬僑生入境限制。在這些

17　康恩娣，「韓國政府的華僑政策」，同前註。

18　簡珮韻，〈韓華與永和韓國街：一個經濟面向的國際遷移調適研
　　究〉，臺灣師範大學地理研究所碩士論文，2004，頁 32。

19　王恩美，《東アジア現代史のなかの韓国華僑：冷戦体制と「祖国」
　　意識》，東京都：三元社，2008，頁 285-286。

禮遇下，韓華多可申請到台灣著名的大學，如臺灣
大學、師範大學，成功大學與政治大學。對於未通
過測驗的僑生，也可以進入僑大先修班，一年之後
再申請進入普通大學。[20]

　　來台灣留學的韓華，在學費上比照國內學生，經
濟狀況不佳的清寒學生，則可申請享受公費，其學雜
費、住宿、保險費等皆由政府支付。除了早年學費上
有優惠外，教育部於每年亦辦理獎助學金的申請，於
僑委會成立「僑生輔導室」，各大專院校設立「僑外
組」或「僑生輔導室」，提供僑生在台的相關訊息，
以及協助解決在台期間的困難與問題。[21]

　　這些優惠，均為韓國華僑到台灣留學設定了潛
在的優勢，加上其他因素，直接反應在人數上。在
一九五〇年代，韓國華僑來台就讀大學的人數並不
多，不過由於當時韓國華僑中學尚未設立高中部，
來台就讀中學的人數遠超過大學。從一九五一至
一九五九年，共有一五〇人進入台灣的大學就讀，
來台就讀高中者則有四九八名。[22]

20　簡珮韻，「韓華與永和韓國街」，前引書，頁 37-38。

21　簡珮韻，「韓華與永和韓國街」，同前註。

22　王恩美，《東アジア現代史のなかの韓国華僑》，前引書，頁
　　306-307。

●1 ｜ 前往中華民國的大學的華僑入學人數（單位：人）

年度	韓國	日本	香港、澳門	馬來西亞	其他	合計
1951	2	-	49	3	6	60
1952	3	-	196	5	14	218
1953	2	1	324	6	70	403
1954	3	-	543	11	101	658
1955	38	2	758	14	128	940
1956	20	1	406	103	347	877
1957	30	6	678	509	559	1782
1958	27	5	492	287	391	1202
1959	25	4	519	394	370	1312
1960	46	1	482	416	498	1443
1961	44	4	307	246	243	844
1962	36	1	323	243	298	901
1963	88	5	307	423	309	1132

資料來源｜僑務委員會，《中華民國僑務統計》(1963 年度統計)，1964，頁 46-47。轉引自王恩美，《東アジア現代史のなかの韓国華僑：冷戦体制と「祖国」意識》，東京都：三元社，2008，頁 306-307。

　　一九五〇年代中期，南韓的華僑中學校開始設立高中部，來台就讀高中的人數開始減少，留學趨勢也慢慢地轉向以大學為中心。從一九七〇年代後半至一九八〇年代後半是韓華留學台灣人數最多的時期。比較南韓當地的華僑人數，一九七〇年代前期是南韓境內韓華人數最多的時候，當時的韓華學生畢業後多會選擇至台灣留學，到了一九七〇年代後半，韓國華僑開始大量移出，其中許多人選擇至台灣定居。到了一九八〇年代後半，留學人數才開始減少，在移居地的排名上，至一九九四年為止大致接在港澳、馬來西亞後面，排名第三。[23]

　　韓國華僑在台灣留學影響了日後在台灣定居的動機。在南韓，儘管當地政府並未對華僑學校設限，不過比起台灣當地，在設備與教學品質上仍有一段差距，因為在考慮子女的學習環境時，韓華的家長們多傾向將子女送到台灣，有些甚至直接舉家搬遷至台灣，就近照顧。[24] 在就業方面，留學生在台灣除了上課以外，同時也從事跑單幫的工作。（簡珮韻，頁54）[25] 此外在研究中也發現，韓國華僑若是

23　王恩美，《東アジア現代史のなかの韓国華僑》，前引書，頁308。

24　張春蘭，「近幾年來旅韓華僑」，前引書，頁31。

25　簡珮韻，「韓華與永和韓國街」，前引書，頁54。

●2 | 中華民國的大學中的華僑在學人數（單位：人）

年度	韓國	日本	香港、澳門	馬來西亞	其他	合計
1968	379	31	2377	2607	3164	7558
1974	904	50	2517	1984	2666	8121
1976	1024	72	2577	2211	2527	8411
1977	1077	83	2475	2437	2430	8502
1978	1009	92	2644	2580	2356	8681
1979	1101	92	2982	2732	2199	9106
1981	1131	112	3517	3276	2552	10588
1982	1165	112	3702	3207	2683	10869
1983	1105	108	3936	3099	2753	11001
1984	1083	118	4117	2957	2835	11110
1985	1014	115	4287	2852	2800	11068
1986	849	106	4244	2871	1831	9901
1987	861	114	4259	2944	1924	10102
1988	804	118	4303	3157	1894	10276

資料來源｜〈歸國升學僑生──現有在學人數〉，僑務委員會，《中華民國僑務統計》，各年度版。轉引自王恩美，《東アジア現代史のなかの韓国華僑：冷戦体制と「祖国」意識》，東京都：三元社，2008，頁306-307。

因教育接軌進入台灣念大學者，畢業後很多人會選擇留在台灣工作。他們大部分會成為受雇者的原因，可說是在台灣受教育期間已建立起相當的社會網絡之故。[26]

三、「歸國」觀光與國慶典禮

除了來台灣留學外，也有許多韓華來台就業與定居，這些韓華除了在台灣原本就有親友，透過人際網絡受到牽引後才決定遷來台灣以外，早期的移居者大多是受到中華民國的愛國政策影響，其中又以歸國觀光與國慶典禮為著。在張春蘭的調查裡，約有 53% 韓華在韓國時就曾經來台觀光，在觀光時看到台灣的生活環境才決定搬遷來台，每次觀光時間大多是一個月左右。[27]

南韓華僑的歸國觀光活動包括由中華民國的「救國團」主辦的「暑期海外華僑青年回國觀光活動」，這個活動自一九五四年開始每年度舉辦，直到一九六二年終止。活動對象並不限於韓華，南韓部分是由「僑生回國觀光輔導委員會」主導，以「韓國華僑青年回國觀光團」（以下簡稱「觀光團」）為名，由於在一九五六年以前缺少統計資料，只能推斷韓華們從該年開始參加。[28]

● 3 ｜ 韓華日報記者團返國慶祝國慶 ｜ 中央社提供

圖片說明｜回國參加十月慶典的韓華日報記者團,十月四日下
午搭乘參謀總長彭孟緝上將的專機飛到台北。韓華日報是韓國
華僑主辦的報紙之一,日銷約五千份,四位中有兩位是攝影記
者。｜中央社記者秦炳炎攝 · 五十年十月四日

26　侯丞芝,「在台韓國華僑夫妻勞動經驗之考察」,前引書;簡珮韻,
　　「韓華與永和韓國街」,前引書,頁 41。

27　張春蘭,「近幾年來旅韓華僑」,前引書,頁 39。

28　王恩美,《東アジア現代史のなかの韓国華僑》,前引書,頁
　　296-300。

　　「暑期海外華僑青年回國觀光活動」這個活動
的實際內容可以一九六〇年為例，當時參觀團由中
華民國政府提供軍艦，六月二十九日由釜山港出發，
七月五日到基隆港，與來自其他各地的華僑集合。
接著從七月七日開始進行「夏令營」活動，首先在
台中學習「戰鬥技術與軍事基礎知識」，之後從
十一日到十四日到台灣的中部與南部觀光，結束「夏
令營」。活動結束後，隔天參觀台灣的工業建設與
工業國防建設、陸海空軍基地的訓練狀況和到金門
等參觀，最後還與蔣介石會面。整個觀光團在台灣
的行程於九月四日結束。

　　整個活動含交通共三十八天，規模龐大。從交
通到住宿到餐飲等費用，全部由中華民國政府負擔，
而這也是讓韓國華僑積極參與的誘因。[29] 觀光的經
驗也影響了往後韓華移民台灣的意願，據張春蘭對
在台韓華所做的問卷調查，其中在韓曾經來過台灣
觀光的人數占45%，其中以來過一次居多（57%），
有的人甚至來過五次，其中超過半數以上在台灣觀
光停留的時間以一個月居多，正好符合前述「青年
觀光活動」的天數。[30]

　　「觀光團」活動於一九六二年停止，一九六五
年再度開始，改名為「海外華僑青年觀摩活動」，
韓華於一九六七年開始參加，在一九七八年人數達

到三八一人，為歷來最多者，此時交通工具已改為
飛機，行程約三周，內容開始著重在「祖國」文化，
包含了如名勝古蹟、故宮博物院、陽明山公園等地
的參訪，內容已與過去不同。

29　王恩美，《東アジア現代史のなかの韓国華僑》，前引書，頁298。

30　儘管張春蘭並未言明是什麼樣的觀光，不過從內文中的敘述「他
　　們（筆者按：韓國華僑）來到台灣受到祖國很好的招待，且有機
　　會看到台灣的十項建設和人民生活狀況…」在條件上只有這類官
　　方辦的招待活動才符合。詳見張春蘭，「近幾年來旅韓華僑」，
　　前引書，頁39。

第三節　貿易打造的永和韓國華僑

一、形成商業文化的因素

　　一般在討論韓華在台灣的商業模式時，大多分成摸索期（一九七〇年 — 一九八六年）與成熟期，而這樣的分期基本上是以一九八七年為關稅稅率大幅調降為分界。由於中華民國在一九七〇年的加工出口經濟對美國造成巨大的貿易順差，在經過幾次中美經貿談判後，中華民國政府不得不調整關稅，引進自由進口貿易。

　　這些分期的歷史背景當然也和前述的移民理論有關，進入七〇年代，華僑在韓國的處境也隨著歷史條件的改變而面臨新的問題。[31] 首先是土地取得的問題。由於一九六一年「外國人土地法」的限制，華僑僅能取得五十坪以下的營業店面，使得華僑的經濟活動只能轉向小面積與小資本的行業，其中又以飲食業為大宗，並於一九六〇年代在韓國形成三個中國城的聚落。[32] 然而到了一九七〇年代，這些中國城卻在南韓政府的都市開發過程中，不敵大型的韓國官商勢力而迅速消失，從而擠壓了華僑在南韓的生存空間。[33]

其次為出入境的管制。一九六二年至一九七一
年間南韓政權將經濟發展列為國家發展的優先項
目，積極進行都市開發，同時期因為北韓武裝間諜
曾於一九六八、一九六九年滲透南韓，使得當時的
南韓總統朴正熙開始加強對國民的身分管制，連帶
也影響了華僑的出入境。一九六三年制定的「出入
境管理法」規定在韓國居住的外國人必須經過法務
部長的許可，到了一九七七年改定時，不僅在韓國
居住一年期滿時必需申請「再入境」，而且人必需
要在南韓境內，對外國人入境施加繁複的限制。同
樣的法規還規定外國人不得在國內從事政治活動，
申請居留時必需按壓指紋。[34]

31　李正熙、金桂淵、崔孝先，〈韓國社會の韓國華僑に對する差別
　　に關する歷史學的考察〉，前引書，頁 151-153。

32　「中國餐廳在自由黨統治韓國時期，甚受韓國社會各階層歡迎。
　　黨政要員及富商巨勢是座上常客，規模較大的中國餐廳如雅敍
　　閣、泰和館、大麗都、大觀圈等，是他們聚餐開會場所，而一般
　　中國餐廳，則是市民用餐的好去處。在當時如帶小孩去中國餐廳
　　吃『炸醬麵』，他會雀躍不已，一般市民宴請親朋好友，也會光
　　顧中國餐廳。除了餐廳外，尚有華僑經營麵食店及餅店。一般而
　　言，華僑大從餅店做起，稍有儲蓄之後，再經營麵食店，然後再
　　開餐廳。」，詳見李效再、朴銀瓊，叢成義譯，〈旅韓華僑及其
　　流動之研究〉，前引書，頁 98-99。

33　王恩美，《東アジア現代史のなかの韓国華僑》，前引書，頁
　　219-224。

34　王恩美，《東アジア現代史のなかの韓国華僑》，前引書，頁
　　225-230。

　　最後是職業的限制。華僑在韓國經營的飲食業除了受到土地取得的限制外，南韓也對華僑課重稅，例如「遊興飲食稅」、「營業稅」、「營業附加稅」、「所得稅」、「免許稅」、「特別行為稅」等，不僅如此，同一間店的稅金會隨著營業年資而增加。[35]除了政策上的壓迫外，原本由華人獨占的中華料理店，因為人手不足的關係，經常雇用韓國助手，時間一久，這些助手便會離開並自行創業，與原有的店形成競爭，加上前述的種種限制，華僑往往在競爭中處於劣勢。[36]

　　這些推力因素使得韓國華僑在一九七〇年代開始大量地向外移居，此時台灣對於華僑的禮遇有增無減，更加刺激了華僑遷居來台的動機。例如，中華民國政府對於僑生來台就讀大學有種種禮遇政策，加上韓國當地對於華僑就業的限制，不僅畢業後在台灣工作的學生比例增加，在經濟基礎穩固後，在韓國的家人移居台灣的比例也不少。[37]

　　這些國際推力因素同時也是永和中興街逐漸成為韓國街的重要原因。目前關於這個議題最早的研究是張春蘭的學士論文〈近幾年來旅韓華僑從韓國移入台灣的動向分析（一九七〇 — 一九七七）〉，其中收集了三十六個訪談例子。來源為大學韓國僑

生的通訊錄、友人介紹，以及永和戶政事務所過濾後的資料（並不完整，約四分之一）。[38] 張春蘭的受訪者大部分是學生，大致反應前述來台韓僑的人口組成走向以大學生為主的趨勢。[39] 在這樣的抽樣調查的基礎上，張春蘭列舉了從政治、婚姻、教育、商業、氣候等十項因素。其中以稅金的影響最大，特別是對飲食店與雜貨業的課稅，反應出前述南韓政策對移民的推力。[40]

35　王恩美，《東アジア現代史のなかの韓国華僑》，前引書，頁242-243。

36　王恩美，《東アジア現代史のなかの韓国華僑》，前引書，頁243-244。另見李效再、朴銀瓊，叢成義譯，〈旅韓華僑及其流動之研究〉，前引書，頁98。

37　王恩美，《東アジア現代史のなかの韓国華僑》，前引書，頁244。

38　採訪對象的來源，詳見張春蘭，「近幾年來旅韓華僑」，前引書，頁11-13。

39　張春蘭對採訪對象的整理與分析，詳見張春蘭，「近幾年來旅韓華僑」，前引書，頁17-20。

40　列舉的因素詳見張春蘭，「近幾年來旅韓華僑」，前引書，1979，頁22-24；稅金的影響：頁28-29。

●4 │ 移出韓國的各種推力因素之相關程度

編號	移出韓國的因素	相關程度					
		很大		略有		無	
		次數	百分比	次數	百分比	次數	百分比
1	政治局勢	1	3	19	64	10	33
2	民族岐視	7	23	17	57	6	20
3	發生糾紛	0	0	1	3	29	97
4	不動產權	4	13	14	47	12	40
5	稅金太重	14	47	9	30	7	23
6	韓幣貶值	4	13	16	54	10	33
7	業務關係	1	3	7	23	22	74
8	子女教育	10	33	9	30	11	37
9	婚姻關係	2	7	4	13	24	80
10	氣候差異	5	17	10	33	15	50

資料來源│取自張春蘭，〈近幾年來旅韓華僑從韓國移入臺灣的動向分析(1970-1977)〉，臺灣大學地理學系學士論文，1979，頁22-24。

二、跑單幫時期（一九七〇年 — 一九八六年）

早期韓華在台灣的商業貿易範圍零散，並不只
侷限在永和，據簡珮運的訪談「當時商圈已遍及全
島，批發顧客多是從港口地區開委託行（舶來品商
店）之商人，像是基隆、台中、高雄等。零售客亦有，
以附近來逛街買菜的婦女為主，少部分是慕名而來
的中南部客人。」[41]。此時較著名的商業聚落似乎是
在西門町，[42] 在李效再的文章裡舉的例子裡，有包
括位於台北市鬧區的小型百貨商店「鴻翔百貨」、
位於西寧南路的西藥房、珠寶店與裝飾品店，其他
如土產商店顧客基本上以本地人為主，中南部地區
甚至可以用郵購的方式訂貨。[43]

與這個時期相對應的是跑單幫的經營方式。所
謂的跑單幫，是指由個人經由機場行李託運的方式，
未經報關將國外商品帶入國內，或將國內商品帶出
國外的進行買賣的商業行為。跑單幫興起的背景是

41　簡珮韻，「韓華與永和韓國街」，前引書，頁 54-55。

42　簡珮韻，「韓華與永和韓國街」，前引書，頁 62。

43　李效再、朴銀瓊，叢成義譯，〈旅韓華僑及其流動之研究〉，前
　　引書，頁 112-113；此外，也有華僑至香港將商品帶到臺灣中山
　　路晴光市場販售，詳見簡珮韻，「韓華與永和韓國街」，前引書，
　　頁 59。

中華民國
REPUBLIC OF CHINA

TAIWAN

護
PASSP

대 한 민 국
REPUBLIC OF KOREA

이 권
PASSPORT

當時並未開放外國貿易，加上韓華出入台灣較一般
人方便，因此包括當時在台留學的韓華學生、遊客
等，多會將商品夾帶在個人行李中，經由船運或航
空的方式將商品帶至台灣販售給當地的商家。據研
究，由於出入境的韓華數量眾多，因此貨源充足。
在跑單幫與商家的關係上，在台的韓華，例如留學
生，多必須以跑單幫作為謀生手段，[44] 而商家貨源
多來自跑單幫，因此與這些韓華打好關係也是必要
的商業手段。[45]

1. 跑單幫的路線

　　跑單幫的流程主要在台北與韓國南大門、東大
門間來返，將香菇、人蔘、電毯、魷魚絲、衣服、
泡菜、辣椒粉、調味料等商品帶進台灣。這些商品
帶回台灣後再轉賣給迪化街的南北貨商行或永和等
地的商店，賺取其間的差額。若是與迪化街商家來
往的話，價格為自己與商家協調，若是轉賣韓華經
營的商店時，價差則為原商品的 3% 至 5% 左右。[46]

　　韓華帶進台灣的商品為台灣當地的商家帶來了持
續的貨源，商家本身並不需要自行跑單幫，在研究論
文中的訪談裡，受訪者曾經提到，每當在基隆港下船
時，馬上就會有來自迪化街的商家詢問是否有帶魷魚

絲來，每一包可以賣到一百元。對於當地的留學生而言，跑單幫則提供他們經濟來源與機票錢。[47]

　　跑單幫的貿易型態也帶來了某些危險，例如疾病有可能藉由水果或魷魚帶入台灣。從一九六〇年代開始，偶爾會有幾件對來台僑生攜帶物品進行檢疫，[48] 視情節大小，貨品會被燒毀，攜帶者會被拘

44　「華僑離開韓國回到中華民國以後，由於缺乏謀生技術，很多人以跑單幫維生（中略）其中很可能有些人一年中入境多次，從事跑單幫生意。」，詳見李效再、朴銀瓊，叢成義譯，〈旅韓華僑及其流動之研究〉，前引書，頁 102。

45　「這些商品並非透過貿易商正式進口，而是由來往的韓國華僑帶進來的，因此華僑的來往對這些雜貨店的影響很大。華僑在回國時儘量帶一些可供商品化的物品，機上出售的洋煙、洋酒自不例外。他們抵台後便將這些物品轉給雜貨店，故沒有來往的華僑，這些雜貨店便無由生存。」，詳見李效再、朴銀瓊，叢成義譯，〈旅韓華僑及其流動之研究〉，前引書，頁 113。

46　簡珮韻，「韓華與永和韓國街」，前引書，頁 52-53。另見李效再、朴銀瓊，叢成義譯，〈旅韓華僑及其流動之研究〉，前引書，頁79-121。

47　簡珮韻，「韓華與永和韓國街」，前引書，頁 56。

48　基隆訊，〈旅韓僑生歸國 帶來魷魚蘋果 基港檢疫禁止進口 貨上岸人不離船〉，《聯合報》，第四版，1963 年 9 月 26 日；本報訊，〈韓僑生報驗生果事 高檢驗所表示 與事實不相符〉，《中國時報》，第六版，1963 年 12 月 5 日；基市訊，〈帶大批食品 有帶菌可能 基港檢所報請處理〉，《中國時報》，第三版，1963年 9 月 26 日；本報訊，〈韓僑夾帶入境 海關查出充公 貨主暫時交保候傳〉，《中國時報》，第三版，1974 年 4 月 18 日。

留。然而到了一九七四年，中華民國政府卻決定要放寬僑生攜帶土產的限制：

—— 每人攜帶回國的土產品，從美金五〇〇元提高為一，〇〇〇元，超過部分依照海關估價的五折購回，但以不超過美金二，〇〇〇元為限。原規定依照海關估價的七折購回，以不超過美金一，〇〇〇元為限。

—— 旅韓僑胞回國結婚者，每人攜帶回國土產從美金一，〇〇〇元提高為二，〇〇〇元。

—— 旅韓僑胞回國定居者，攜帶土產金額不加限制，可以照價報關。

—— 蘋果每人攜帶數量不得超過十八公斤。[49]

這樣的規定基本上將限制放寬兩倍，目的除了解決韓僑回國匯款的困難，同時也是延續著過去對僑胞回國定居的優惠態度。在中華民國政府默許的情況下，跑單幫的商業方式仍然有其限制。由於出入境攜帶數量以個人為主。偶爾會有商品不夠賣的情況；以跑單幫的方式進貨，仍然可能遇到遭遇海關扣押，而使店中的貨品大為減少；而即使無海關的為難，其他如貨品運送過程中損壞，品質難以控制，而且跑單幫的對象必須值得信任，否則會有商品少帶或是賣相不佳的情況。[50]

2. 永和聚集地的變化

　　韓華聚集到永和基本上受到台北市區急速都市化的影響，一方面永和也逐漸發展，[51]另一方面也因為台北房價開始上漲，永和相對較為低廉，離台北市也不遠的關係。[52]此外，在歷史因素方面，永和地區在戰後是外省人主要的居處場所，韓華在適應上也較容易，較不會招受到奇異的眼光。[53]

　　韓華遷移到永和同樣也有考量商業因素，因此早期的落腳處大多集中在竹林路。這個地區鄰近通往台

49　本報訊，〈旅韓僑胞攜土產品歸國 政府決定放寬限制〉，《經濟日報》，第三版，1975 年 2 月 18 日。

50　簡珮韻，「韓華與永和韓國街」，前引書，頁 72。

51　關於永和戰後的都市發展詳見廖盈琪，「昨日的明日花園城市：永和都市計畫之移植與形構」（以下簡稱「昨日的明日花園城市」），臺灣大學建築與城鄉研究所碩士論文，1999。

52　簡珮韻，「韓華與永和韓國街」，前引書，頁 58。

53　1953 年、1955 年政府分別安置被迫歸國的滇緬僑胞於中永和及大陳義胞於永和永成里，確立了中永和作為容納大量外省住民的住宅區角色。另一方面，由於外省籍人士大量湧入台北市，造成台北市的建設不敷使用，在戰時「防空襲」的疏散構想上，於 1957 年通過《防空疏散辦法》，將台北市周圍的中永和、新店、三重、板橋等指定為台北市的疏散城市。這些措施與政策使外省籍人士成為永和地區的主要人口。詳見廖盈琪，「昨日的明日花園城市 永和都市計畫之移植與形構」，前引書，頁 40。

北的中正橋。中正橋原名為川端橋，曾經經過幾次擴
建，在一九七二年官方實施三重、永和都市計畫時，
再拓寬為二十四‧五公尺。[54] 交通來往更為方便。

　　除了地點外，人潮與出入交通也是考慮因素之
一，此時後來著名的中興街商業聚落尚未形成，原
因是因為當時中興街尚未拓寬，且多為台電公家宿
舍，少有店面。相對地，竹林路上有溪州市場與中
信百貨（一九七四年開始營業）[55]，當時韓華們開店
也順勢地選擇了竹林路六十六巷。據簡珮韻的採訪，
在這裡最創早創立的商店為「南山」設立在竹林路
六十六巷巷子裡，後來與南山有商業往來的跑單幫
見生意不錯，也在附近開設店面，其他的親戚朋友
也陸續跟進。[56]

54　陳東華，《永和的第一》，中和：作者自印，2009，頁 67。

55　中信開幕時間見本報訊，〈永和中信育樂大樓 十五開幕 係綜合
　　性商業育樂中心〉，《經濟日報》，第七版，1974 年 9 月 3 日；
　　李庭蘭專訪，〈永和中信商業育樂公司明天開幕〉，《經濟日報》，
　　第七版，1974 年 9 月 14 日；本報訊，〈永和中信綜合商業育
　　樂中心開樂 中幸運獎 可獲贈樓房〉，《經濟日報》，第六版，
　　1974 年 9 月 15 日；本報訊，〈永和中信公司昨天開幕〉，《經
　　濟日報》，第七版，1974 年 9 月 16 日。

56　簡珮韻，「韓華與永和韓國街」，前引書，頁 58-59、74。

●5 ｜ 最大商業育樂中心－中信公司開幕｜中央社提供

圖片說明｜座落於台北縣永和鎮竹林路的最大商業育樂中心－
中信公司，十五日下午由十二位紅星聯袂剪綵後正式開幕，全
國工商協進會理事長辜振甫等工商界人士均應邀觀禮。圖為中
信公司開幕，各界人士踴往參觀之盛況。｜中央社記者陳永魁
攝 · 六十三年九月十五日

第四節　「韓國街」成衣批發商的出現

一、中興街聚落的形成

　　目前以「韓國街」著名的中興街，其韓華商業
聚落的形成其實是很晚近的事。如前所述，一九七〇
年代韓華商店主要聚集在竹林路一帶，在張春蘭
一九七九年的論文，以及李效再、朴銀瓊著作裡，
也完全沒有提到韓國街的存在。從報紙新聞來看，
「韓國街」的名稱大致出現在一九八七年左右：

韓國商店最先是在永和市中信百貨公司附近落腳，
去年開始向中興街漫延。由於生意不惡，轉眼間，
增加了二十來家。如今，整條街已經成為韓國貨的
天下，行人漫步其間，猶如置身在韓國。[57]

　　同一篇報導提及，韓國街的商品大部分以女性
服飾、配件為大宗，銷售對象為不開發票的中盤商，
一律不二價，有些商店甚至拒絕零售「『韓國街』
的業者都是抱著『愛買不買，不買拉倒』的心態；
他們也不跟顧客寒暄，一副『一手交錢，一手交貨』
的態度。」

　　從竹林路到中興街的變化是與當時的經濟情勢
有關。在一九八七年左右，因為台灣進口關稅大幅

降低，且台幣升值幅度高於韓幣，有利進口的關係，韓國進口的商品開始低價向台灣傾銷。由於需求跟著大增，以往的跑單幫已經無法承擔中盤商所需的商品數量，進貨方式改以商家仔細規劃行程，每週往返韓國台灣批貨的方式。進貨種類不再限於高麗蔘與毛毯，還有餅乾、糖果、皮衣、裝飾品、化妝品等等。大量進口的結果，在台北市重慶北路一段、華陰街一帶的批發商也開始大量引進韓貨。[58] 這些商品多半批給小販擺地攤，客群方面以中老年顧客較多。[59]

在這些商品當中，中興街又以成衣業為大宗。據簡佩韻的研究，一九七〇年代台灣由於工資便宜，各地形成以紡織業為主的加工出口區，以成衣大量外銷至國外。到了一九八〇年，受到美國對中、韓紡織品輸入的限制，外銷的成衣被大量退貨，便轉在國內銷售，改變了大眾原本穿著訂製衣物的習慣。[60]

---

57 張夢瑞，本報記者，〈永和興起「韓國街」土產服飾不殺價〉，《民生報》，第八版，1987 年 2 月 14 日。

58 林淑玲，〈後車站一帶出現韓國街服飾玩偶最搶手，價低樣多質不差，前景看好〉，《中國時報》，第十六版，1992 年 6 月 10 日。

59 台北訊，〈高麗參呼朋引伴定點著陸 北市後火車站、四半街、永和中興街〉，《中國時報》，第八版，1987 年 12 月 18 日。

60 簡珮韻，「韓華與永和韓國街」，前引書，頁 65-67。

其次，永和韓華商店從竹林路搬遷到中興街與
都市計畫有關。原有竹林路的商業點在經過幾年的
發展後已經飽和，而中興街一九七九年拓寬為十米
之故。[61] 此時因為是拓寬的街道，新建了許多房舍，
使得中興街出現許多空的店面，而且房價也較竹林
路來得便宜，也因此提供了商業發展的契機。[62]

二、店家批貨的路線

韓華商店此時的批貨路線大致與前一期的跑單
幫差不多，不過是在韓國透過當地委託貨運行大量
地運送回台灣。出國批貨大多在一天之內完成，週
二下午先搭飛機前往韓國，然後晚上熬夜到東大門、
南大門挑選貨品，再委託信任的包裝公司打包空
運至台灣。[63] 原本出國大多去松山國際機場，到了
一九七九年二月桃園機場開幕後才改由中正機場出
關，此外前往韓國批貨者往往是女性，原因是女性
顧客為主要客源，由老闆娘挑選較容易。

在這之後，中興街的店面急速成長，到了
一九八九年已迅速增加至七、八十家，同業激烈競
爭下，利潤急速往下掉。[64] 此時韓華商人還面臨其
他問題，台灣民眾對於韓貨的新鮮感消失，原因據
說是台灣民眾品質與生活水平提升，但或許也和數
量驟增有關。[65]

●6 │ 韓國華僑至韓國成衣批發市場批發流程

時間	流程
週二約下午抵韓國	由台灣搭機前往韓國
週三凌晨	到東大門、南大門挑選貨品 ↓ 委由韓國的包裝公司接貨打包 (仁川或漢城) ↓ 空運至台灣
週一	台灣的貨運公司到機場報關行提貨 ↓ 台灣的貨運公司送貨到中興街店家 ↓ 台灣各地批發商到永和中興街選貨
其他時間	仍然提供零售商或 買客人,但以週一批發商為主。

資料來源│取自張春蘭,〈近幾年來旅韓華僑從韓國移入臺灣的動向分析(1970-1977)〉,臺灣大學地理學系學士論文,1979,頁 22-24。

61　簡珮韻,「韓華與永和韓國街」,前引書,頁 58-59。
　　「那時候(指民國 75 年左右)非常多空屋,現在是 100 多家商店,那時候只有三、四│家,你想想看就知道了。」詳見簡珮韻,
62　「韓華與永和韓國街」,前引書,頁 78。
63　侯丞芝,「在台韓國華僑夫妻勞動經驗之考察」,前引書,頁 55。

　　最後則是一九九二年八月二十四日南韓和中共
建交。當時台灣的國民政府同時宣布和南韓斷交，
在前二天外交態勢確定後，反韓貨的風潮也逐漸蘊
釀而出。斷交對中興街的影響有多大？據當時的商
家表示，由於開放進口的關係，韓國服飾、補品、
雜貨、皮件等面對東南亞、香港等地的競爭，已無
過去的優勢，商家在進貨時也演變成以東南亞的成
衣為大宗。[66]

三、「韓國街」商業模式的變化

　　永和中興街在一九八七年後開始以「韓國街」
而為大眾所知，在這裡站穩陣腳的商家在銷售上也
發展出與過去不同的模式。以成衣為例，中興街的
成衣商扮演著大盤商或中盤商的角色，在一九九〇
年左右，一個月進貨量達一千萬，冬天時則在千萬
以上。由於華僑身分的關係，在資金上不容易向銀
行周轉，因此大多以親友標會的方式籌措。

　　相較於過去與跑單幫互動的人際網絡，作為成
衣批發業，其經商的技術於選出暢銷的貨品，並且
與廠商和顧客維持良好合作關係。這些大多是依靠
自身經驗累積而來，對於和自己從事同樣行業的親
朋好友，在「同行是冤家」的觀念影響下，大多盡
量避免聊及採購等技巧，從而形成與過去截然不同
的同行氣氛：

　　生活上就是像當初這條街幾乎都是華僑的時候，就有很多很方便的事情啦，比如說一起出國啦、看到比較會打招呼，彼此也比較有照應，像可以一個價錢，不認識的話就差很多，像進同一款，價錢就很容易被打到啦，所以現在只能盡量跟大家不一樣，沒有辦法像以前一樣私底下大家講好就好。[67]

　　除了商業上的顧忌外，其他在生活方面或利益一致之處多會互相幫助。例如心情分享，或是幫忙顧店等等。一九九五年成立的「中興街成衣聯誼會」即是因為發現許多商家均面臨跳票以及開放騎樓使用等問題而組成。[68]

　　韓華成衣商店在一九九〇年代還面對另一項挑戰，他們的原本的商業獲利條件在於韓國成衣成本

64　萬中一／北縣，〈眾家兄弟分吃「高麗」菜 永和韓國街生意難作〉，《經濟日報》，第十七版，1989 年 12 月 1 日。

65　劉惠臨／北縣，〈永和中興街 韓貨漸乏人問津 新鮮感頓失 業者嘆生意難為〉，《經濟日報》，第六版，1990 年 2 月 4 日。

66　朱紀中，〈貨品來源早變更 斷交無礙韓國街惟西寧南路一帶韓僑所開設商店、短期內生意將受到影響〉，《中國時報》，第十一版，1992 年 8 月 24 日。

67　簡珮韻，「韓華與永和韓國街」，前引書，頁 89。

68　簡珮韻，「韓華與永和韓國街」，前引書，頁 90。

低廉，能夠取代台灣國產的中低價位商品。然而到
了一九九○年代，由於韓國本身也逐漸邁向已開發
國家之路，連帶也提高了成衣的製作成本。另一方
面，此時中國成衣業迅速崛起，成為全世界最大的
成衣出口國，使得韓貨的低價優勢不再。[69] 面對這
樣的情況，部分商家仍然堅持進口韓貨，因為韓國
的品質仍然比中國好；有的改變成衣通路來源，從
香港等第三地進口；其他的則是「見好就收」，轉
業或是離開台灣，移民美國等地。[70]

● 7 │ 韓國街現況

第五節　韓國華僑在台灣的生活

一、生活與商業的空間結構

　　目前關於韓國華僑來台灣後生活轉變幾乎沒有
特定的專論，大多只能從其他主題的著作中，透過
訪談引文才得以獲得一些片面的理解。從韓華移動
人口的特質來看，據張春蘭的調查，來台的家庭大
多以核心家庭為主，年齡上則以十五歲到三十五之
間最多，教育程度上以大學教育比例最高（28%），
可能是受到華僑留學教育政策鼓勵的影響。[71]

　　就現有的研究而言，侯丞芝的論文從生活空間
與性別分工的角度，再配合其他著作的部分內容，
或許可以做為我們理解韓華在台灣生活的切入點。
一般而言，打算來台遷居者大多會趁觀光時來台先
買好房子。[72] 開始在台灣經商後，在居住房屋的結
構上，一開始他們多將家戶與店面結合，使空間資
源運用達到最佳化。通常一樓做為店面，販賣、展

69　簡珮韻，「韓華與永和韓國街」，前引書，頁 98-99。

70　簡珮韻，「韓華與永和韓國街」，前引書，頁 115-117。

71　張春蘭，「近幾年來旅韓華僑」，前引書，頁 52-53。

72　張春蘭，「近幾年來旅韓華僑」，前引書，頁 66。

示產品，接待客人的場所，二樓就當作住家；就空
間的分配與社會經濟的功能來說。業者把生產、分
配，到家務、教養孩子都集中在同一空間，形成這
種空間資源運用最佳化的勞動生活型態。這樣的空
間規劃也對於他們的生意與家庭的運作，形成一種
巧妙平衡的力量。[73] 此外，這種家戶與店面結合也
有著階段性的發展。當生意穩定，自營業者賺取足
以購買其他房屋的資本時，他們也會將店面與居家
空間分離，讓生意歸生意，家庭生活歸家庭生活。

　　這些營業空間同時也是韓華在台人際關係的輻
湊點。首先，在人際關係上，據李效再曾經對在台
灣的韓華進行調查，其中問題是「回國後，主要交
往對象為何？」，其中在台灣認識者占 17%（十一
人）、在韓國認識占 18%（十二人），顯示出在
台韓華的人際圈仍然以「過去在韓國認識的人為
主。」，不過這樣的結論僅差 1%，而且事實上也未
說明來往對象的身分。[74] 這一點，張春蘭一九七九
年的論文裡曾經調查，結果是即使是在台灣，韓華
們來往的對象也都以在台的韓華為主，這與前述來
台經商倚靠韓華人際網絡的現象一致。[75] 事實上，
早期因為貨源多來自跑單幫，因此與這些跑單幫的
韓華打好關係也是必要的商業手段。[76]

　　李效再與朴銀瓊也舉出位於台北市鬧區中一家名為鴻翔的小型百貨店為例說明韓華往來的狀況。該百貨店陳售成衣、衣料及各種生活必需品,「商店老闆是山東人,因此特別優待旅韓華僑,全面給予七五折。該商店並雇用數名韓國華僑為店員,華僑走進商店便會碰到一些熟人,彼此可高談闊論,又可廉價購買所需之物,自然成為韓國華僑的社交中心。」據論文所述類似的商店還有幾家,是韓華人際網絡的社交場所,「回國華僑的活動空間如此有限,故『祖國內的少數』之感更覺深刻。」。[77]

73　侯丞芝,「在台韓國華僑夫妻勞動經驗之考察」,前引書,頁48-50。

74　李效再、朴銀瓊,叢成義譯,〈旅韓華僑及其流動之研究〉,前引書,頁110。

75　張春蘭,「近幾年來旅韓華僑」,前引書,頁56。

76　「這些商品並非透過貿易商正式進口,而是由來往的韓國華僑帶進來的,因此華僑的來往對這些雜貨店的影響很大。華僑在回國時儘量帶一些可供商品化的物品,機上出售的洋煙、洋酒自不例外。他們抵台後便將這些物品轉給雜貨店,故沒有來往的華僑,這些雜貨店便無由生存。」,詳見李效再、朴銀瓊,叢成義譯,〈旅韓華僑及其流動之研究〉,前引書,頁113。

77　李效再、朴銀瓊,叢成義譯,〈旅韓華僑及其流動之研究〉,前引書,頁110。

　　韓華的商業場所也和飲食習慣有關。在李效再與朴銀瓊的同一篇文章裡，研究者針對在台飲食習慣所作的統計結果是中國菜十一人（17%），韓國菜二人（2%），前兩者各半四十九人（75%），不回答三人（5%），結論是「似乎無法完全擺脫韓國菜」。韓華在台灣能夠維持中韓合併的飲食，部分原因也是中華民國開放貿易後，食材不難取得之故。[78] 韓華所開的餐廳裡，菜單也多是中韓菜合併。同一篇文中以一位曾經留日的韓華為例，這位韓華經營一家餐廳，菜單包括了「炸醬麵、大滷麵、肉絲炒飯及炒飯等，並備有韓國泡菜與蘿蔔泡菜，顧客概為韓國華僑。」不僅如此還有「道地的中國菜，以及韓國的石頭火鍋。」這類餐廳的顧客大多也是韓華，不僅是他們的聚集地點，大致也反映出韓華在飲食上的普遍喜好。[79]

78　李效再、朴銀瓊，叢成義譯，〈旅韓華僑及其流動之研究〉，前引書，頁 111-112。

79　李效再、朴銀瓊，叢成義譯，〈旅韓華僑及其流動之研究〉，前引書，頁 35。

二、空間裡的性別分工

除了生活空間外，另一個重要議題就是性別分工。前面提到由於韓華的商店以女性顧客為大宗，因此每星期來返台韓的工作就落在家中女性成員上，以利於挑選符合女性品味的商品。

事實上不只是工作，女性在家庭生活中的勞務也十分偏重。韓華帶來台灣的不只是南韓的飲食習慣，還包括韓國與中國文化裡父權式的性別分工：女性幾乎擔任家中所有的家務，同時還要面對公婆的壓力，男性不被期待承擔家事，甚至他自己也不認為家事是自己的本分。工作與家事的雙重勞務施加在女性身上，同時也疊合著空間上商業與居家結合的特徵，形成更為密集的勞動密度。在侯丞芝的研究裡，她稱這種分工為「傾斜式家務分工」，對立於「平等、平權家務分工」。[80] 據他所述，在這種分工下：

我們可以發現男女各自依循社會既定的角色期望，並履行應有的角色行為。女性扮演一種「女主內」、

80　侯丞芝，「在台韓國華僑夫妻勞動經驗之考察」，前引書，頁 71-72。

「經濟依賴者」的情感性角色，負擔起家中家事的責任，男性則扮演一種「男主外」、「經濟提供者」（the provider）的工具性角色，而就算女性有經濟能力，她仍然得擔負起大多數家務分工責任，即便要尋求奧援時，尋求的對象也是女性，這不是一種女性為難女性的作法，而是因為「家事是女人家的事」，在傳統思維下去尋找女性來做女性該做的事，也因這種「男主外、女主內」、「家事屬於女人的事」觀念，家務分工模式得以朝女性傾斜。

不過，在他的訪談例子裡也提到少數來台的韓華夫婦具有「平等、平權家務分工」，據侯丞芝分析的影響因素除了「原生國的性別規範」、「經濟與社會資本」（在台灣擁有越多資本的女性較有機會擺脫傾斜式分工）、「他人對性別分工規範的指導與監控」（如婆媳關係）、「自己本身性別分工扮演：先生的參與意願」、「基督教的影響」外，還有「台灣文化觀念帶來的衝擊」，其中一對受訪者表示，他們來台灣後才發現台灣不像韓國，男性會幫女性做家事：

訪　　　所以那時候她來台灣之後就想在台灣做生意？

M05　　對，因為看我朋友做的不錯嘛！所以她就也想做生意。

| 訪 | 那定居台灣後您會幫忙做家事嗎？ |
| M05 | 一點點。 |

| 訪 | 那您大概都做些什麼？ |
| M05 | 拖拖地啦，把衣服放到洗衣機洗啦！ |

| 訪 | 那您在韓國也會幫忙做家事嗎？ |
| M05 | 沒有！ |

| 訪 | 那為什麼會有這樣的改變呢？ |
| M05 | 我看我的台灣朋友、鄰居都會幫忙做家事啊，所以也就幫忙一點點家事。台灣的女人比較幸福，台灣文化比較開放，男人幫女人做家事不會被朋友笑，在韓國根本不可能男人幫女人做家事，我們韓國華僑也不可能，會被認為一個大男人幫女人做家事成何體統。 |

三、研究回顧的限制

目前關於在台華僑的研究大部分均集中在國族認同、移民因素、以及商業行為上，研究者以計量的方式統計，企圖呈現出各項議題的普遍性，不過由於主題與研究方法的限制，這些著作儘管進行了

不少訪談，但是訪談的例證往往很快地轉化為計量
方法中的因素例證，具有統計上的意義，較少論及
訪談內容本身的脈絡意義。這些統計數字或許足以
呈現某時期與華僑整體的樣貌，但是對於更為特定
的地區以及年代則較難呈現出細緻的研究。

　　也因此，關於華僑在台灣的生活細節，我們所
能得到的資料大部分都來自於論文中片段引用的例
證。在研究成果本來就不多的情況下，論文出版年
代常彼此相隔好幾年，難以將這些例證進一步串聯
成連貫性的論述。與此相關，近期的論文在訪談時
往往必需依靠受訪者的記憶來回想二、三十年前的
事，加上韓國華僑在台灣自成體系，種種因素使他
們在面對外人訪談者，訪談內容不見得能完全反映
事實，在研究方法的限制下，這些訪談材料往往很
快地被接受，在缺乏其他佐證的情況下，直接化為
統計數據。

　　最後，對比這些論文，目前幾乎沒有關於韓國
華僑的訪談錄。在戒嚴時期，能夠找到的幾乎都是
官方人物留下來的記錄，而這些記錄──類似書面
的問卷──常常完全站在官方意識形態的立場上發
言，難以仔細檢驗。例如在一九五〇年代的一本著
作中，在論及華僑的宗教信仰時：「說到華僑的信

仰，我可以肯定的作一個答案，在古人、他們信仰
的是孔子，在今人、他們信仰的是　總統，孔子在
華僑的心目中，是古之山東聖人，曾留下四書五經，
總統在華僑心目中，是今之中國聖人，能領導復國
建國。」[81] 提到「華僑在文化上對韓國之影響」時，
就從商朝的箕子流亡韓國開始講。[82] 在這些現在看
起來古怪的觀點下，其中證據的可信度也不免大打
折扣。

　　在這樣的情況下，由於過去台灣也被視為是中
國文化的一部分，因此華僑在台的生活常被擴大解
釋為中國文化的體現，難以作更細緻的描述。總而
言之，關於韓國華僑在台的生活，除了量化研究外，
還需要更多的質性研究才得以針對韓華與台灣環境
間的互動關係作出更具體的描述與凝聚出問題意識。

81　華僑志編纂委員會編，《韓國華僑志》，台北：華僑志編纂委員會，
　　1958，頁 146。

82　華僑志編纂委員會編，《韓國華僑志》，前引書，頁 148。

第六節　在台韓國華僑的近期發展

　　韓國華僑會舉家遷居來台，基本原因是韓國
與中華民國兩地間的推力與拉力因素，而這些因素
在一九九〇年代後期開始也產生了變化。南韓開始
放鬆國籍法與歸化政策上對外國人的限制。此外，
由於南韓在一九九〇年代末期遭遇一連串的經濟危
機，在土地與商業上也不得放寬外國人來韓投資的
條件。這些措施並未很大地改變華僑在韓國的差別
待遇感，但是由於台灣解嚴後中韓斷交與政黨輪替
的政治情勢，連帶影響了韓華對中華民國的政治向
心力，使得以韓國作為國家認同的對象也順勢成為
他們的選項之一。

　　例如以往便利的出入境手續在中韓斷交後變得
複雜，開始要經過正式的簽證。[83] 一九九二年通過
「國人入境短期停留與長期居留及戶籍登記作業要
點」以及一九九九年的「入出國及移民法」之後，
外僑取得國民身分證的資格的門檻變高，須備有入
境人口申報流動人口登記聯單、依親台灣地區家屬
戶籍謄本、連續居住滿一年的居留証證明等資料，
至居留地的警察局審核，再送至出入境管理局辦理，
發給「定居證」，才可以至戶政機關申請定居，設
立戶籍，領取國民身分證。[84]

在政黨輪替方面，二〇〇〇年總統選舉由民進
黨候選人陳水扁當選總統。由於過去華僑的中華民
國認同幾乎全盤建立在與國民黨的關係上，因此在
國民黨敗選後，華僑的國家認同也迅速地從「中華
民國」退縮至「中國人」，伴隨著台灣主體意識的
抬頭，原本就出生於中國的韓國華僑開始以「外省
人」作為族群認同的對象，加上他們也開始前往中
國大陸作生意，原本在政治宣傳下建構出對共產中
國的拒斥感迅速消失，移居中國者也逐漸增加。[85]

韓華與政黨輪替後的政權格格不入，如此中華
民國在海外的反共宣傳活動已經失去以往的光環，
參加國慶典禮與青年觀光旅遊的華僑人數開始減

83　根據李正熙所作的訪談，其中一位在臺灣的陳姓韓華表示：「韓
國華僑最近已經不來臺灣了。最近移居大陸的華僑很多。1992
年韓國與臺灣斷交之後，韓國華僑進入台灣時已需要簽證。但韓
國人不需要簽證。留學生的數量也在減少，這樣下去的話，臺灣
的韓國華僑社會有可能斷絕。為了防止這種情況發生，我們正在
想盡辦法加深會員之間的和睦。」，詳見李正熙，〈關於韓國華
僑社會組織的研究──以同鄉組織和華僑協會為中心〉，《南洋
資料譯叢》，3 期，2010，頁 73。

84　簡珮韻，「韓華與永和韓國街」，前引書，頁 37。

85　王恩美，《東アジア現代史のなかの韓国華僑》，前引書，頁
472-473。

少。在國籍上，二〇〇〇年以後具有中華民國國籍
的韓僑仍占絕大多數，不過持有國籍的理由由過去
的反共愛國變成「因為是中國人，因此不得不守住
中國（台灣）的國籍」，不過除了國家認同上的原
因以外，其中也不乏現實考量：具有中華民國國籍
進出中國較容易，相反地，若變成中國國籍，入境
台灣的限制就會變多。[86]

更為年輕的第三代，年齡約十至二十歲的韓國
華僑對於父祖輩的山東家鄉少有歸屬感，而偏向將
南韓當成家鄉，呈現出韓國化的過程。根據王恩美
的調查，這個過程與婚姻、教育有關。華僑與韓國
人結婚的比例逐漸升高，二〇〇四年「漢城華僑中
學」的調查，高中與國中部合計有 35.4% 的學生母
親是韓國人，而且這些學生儘管在學校的教育仍以
中文為主，卻逐漸變成以韓語作為母語、中文為第
二外語的狀況。[87]此外，與語言相關，從一九八六
年開始，華僑進入韓國的大學比例逐年增加，相對
地到台灣留學的人員則相對減少。

不過，在韓國化的過程裡，原有作為「中國人」
的華僑意識並未消失。[88]不僅在朋友與愛情交往的
對象上會感受到身分的差別，面對中、韓、台三地
對於自己的不同認知——在韓國他是逃難來的華僑、

在台灣被當成韓國人、在中國則被當成韓國或台灣
僑民——也會造成他們對於自身身分認同的困惑，
連帶地對於自己將來要歸化哪一方也感到深深的苦
惱，關於韓僑第三代的議題，仍待後續更多的研究
出現，方得以給定具體詳細的內容。[89]

86　王恩美，《東アジア現代史のなかの韓国華僑》，前引書，頁
　　473-474。

87　王恩美，《東アジア現代史のなかの韓国華僑》，前引書，頁
　　474；另見綛谷智雄，〈在韓華僑青少年の生活世界〉，《第一福
　　祉大学紀要》，2 期，2005，頁 18-19。

88　綛谷智雄，〈在韓華僑青少年の生活世界〉，前引書，頁 22-24。

89　王恩美，《東アジア現代史のなかの韓国華僑》，前引書，頁
　　476-477。

參考書目

書籍

王恩美，《東アジア現代史のなかの韓国華僑：冷戦体制と「祖国」意識》，東京都：三元社，2008。

陳東華，《永和的第一》，2009，中和：作者自印，2009。

華僑志編纂委員會編，《韓國華僑志》，台北：華僑志編纂委員會，1958，頁146。

學位論文

侯丞芝，〈在台韓國華僑夫妻勞動經驗之考察：台北都會區之田野研究〉，政治大學社會學研究所碩士論文，2006。

張春蘭，〈近幾年來旅韓華僑從韓國移入臺灣的動向分析（1970-1977）〉，臺灣大學地理學系學士論文，1979。

陳敏慧，〈韓國華人商務談判風格——以台灣永和韓國街為例〉，玄奘大學國際企業學系碩士論文，2010。

廖盈琪，〈昨日的明日花園城市：永和都市計畫之移植與形構〉，臺灣大學建築與城鄉研究所碩士論文，1999。

康恩誃，〈韓國政府的華僑政策〉，臺灣大學國發所碩士論文，2003。

簡珮韻，〈韓華與永和韓國街：一個經濟面向的國際遷移調適研究〉，臺灣師範大學地理研究所碩士論文，2004。

期刊資料

李正熙、金桂淵、崔孝先，〈韓國社會の韓國華僑に對する差別に關する歷史學的考察〉，《京都創成大學紀要》，7卷1期，2007，頁143-145。

李正熙，〈關於韓國華僑社會組織的研究——以同鄉組織和華僑協會為中心〉，《南洋資料譯叢》，3期，2010，頁73。

李效再、朴銀瓊，叢成義譯，〈旅韓華僑及其流動之研究〉，《韓國學報》，4 期，1984.12，頁 79-121。

崔志鷹，〈韓國華僑的歷史與現狀〉，《史林》，2 期，1993。

綛谷智雄，〈在韓華僑青少年の生活世界〉，《第一福祉大学紀要》，2 期，2005，頁 15-26。

報刊資料

台北訊，〈高麗參呼朋引伴定點著陸 北市後火車站、四平街、永和中興街〉，《中國時報》，第八版，1987 年 12 月 18 日。

本報訊，〈永和中信公司昨天開幕〉，《經濟日報》，第七版，1974 年 9 月 16 日。

本報訊，〈永和中信育樂大樓 十五開幕 係綜合性商業育樂中心〉，《經濟日報》，第七版，1974 年 9 月 3 日。

本報訊，〈永和中信綜合商業育樂中心開樂中幸運獎可獲贈樓房〉，《經濟日報》，第六版，1974 年 9 月 15 日。

本報訊，〈韓僑生報驗生果事 高檢驗所表示 與事實不相符〉，《經濟日報》，第三版，1975 年 2 月 18 日。

本報訊，〈韓僑生報驗生果事 高檢驗所表示 與事實不相符〉，《中國時報》，第六版，1963 年 12 月 5 日。

本報訊，〈韓僑夾帶入境 海關查出充公 貨主暫時交保候傳〉，《中國時報》，第三版，1974 年 4 月 18 日。

張夢瑞，本報記者，〈永和興起「韓國街」 土產服飾不殺價〉，《民生報》，第八版，1987 年 2 月 14 日。

參考書目

報刊資料

朱紀中，〈貨品來源早變更 斷交無礙韓國街惟西寧南路一帶韓僑所開設
　　　商店、短期內生意將受到影響〉，《中國時報》，第十一版，
　　　1992 年 8 月 24 日。

李庭蘭專訪，〈永和中信商業育樂公司明天開幕〉，《經濟日報》，第
　　　七版，1974 年 9 月 14 日。

林淑玲，〈後車站一帶出現韓國街服飾玩偶最搶手，價低樣多質不差，
　　　前景看好〉，《中國時報》，第十六版，1992 年 6 月 10 日。

基市訊，〈帶大批食品 有帶菌可能 基港檢所報請處理〉，《中國時報》，
　　　第三版，1963 年 9 月 26 日。

基隆訊，〈旅韓僑生歸國 帶來魷魚蘋果 基港檢疫禁止進口 貨上岸人不
　　　離船〉，《聯合報》，第四版，1963 年 9 月 26 日。

萬中一 / 北縣，〈眾家兄弟分吃「高麗」菜 永和韓國街生意難作〉，《經
　　　濟日報》，第十七版，1989 年 12 月 1 日。

劉惠臨 / 北縣，〈永和中興街 韓貨漸乏人問津 新鮮感頓失 業者嘆生意
　　　難為〉，《經濟日報》，第六版，1990 年 2 月 4 日。

網路資料

「MBA.lib：保稅倉庫條目」。取自「MBA.lib 智庫網 百科」：http://
　　　wiki.mbalib.com/zh-tw/%E4%BF%9D%E7%A8%8E%E4%B
　　　B%93%E5%BA%93，（2011 年 12 月 4 日瀏覽擷取）。

重要年表

1882	清國與朝鮮訂立「中朝商民水陸貿易章程」，取得宗主國地位。
1895	日清戰爭，清國失去對朝鮮的宗主國地位。
1900	山東義和團事件。
1931	「萬寶山事件」在朝鮮當地引起排華運動。
1945	第二次世界大戰結束，大韓民國成立。
1948	韓國頒布「國籍法」。
1949	韓國發布「輸入比例制度」，由商工局以三個月為一期，發布允許輸出入的商品品項與數量。
1950	韓戰爆發，韓國分裂為南北韓。
1952 5	中華民國立法院通過〈當前僑務施政政策要點〉，鼓勵華僑來台就讀。
1954	中華民國「救國團」開始主辦「暑期海外華僑青年回國觀光活動」，直到 1962 年終止。
1955	首爾的華僑中學設立高等部。
1959	釜山的華僑中學設立高等部。
1961	南韓制定「土地法」，外國人若非國防、產業或其他公共目的，禁止取得土地。
1963	南韓修訂「國籍法」，刪除外國人擔任公職的限制，同年制定「出入境管理法」規定在韓國居住的外國人必須經過法務部長的許可。

1962	中華民國救國團停止辦理「暑期海外華僑青年回國觀光活動」。
1964	仁川的華僑中學設立高等部。
1965	中華民國救國團再度辦理觀光團,並改名為「海外華僑青年觀摩活動」。
1967	大邱的華僑中學設立高等部。
1968	南韓修改「土地法」,限制外國人居住與營業的土地取得面積。
1972	中華民國官方實施三重、永和都市計畫,將中正橋拓寬為 24.5 公尺。
1974	中華民國政府決定放寬僑生攜帶土產的限制,永和中信百貨開始營業。
1979	中華民國政府開放外國觀光,2 月 26 日桃園中正國際機場啟用,同年永和中興街 1979 年拓寬 10 米。
1987	中華民國為因應對美貿易順差,大幅調降關稅稅率,同年永和中興街開始以「韓國街」著稱。
1992 8.22	中華民國政府宣布與韓國斷交,同年通過「國人入境短期停留與長期居留及戶籍登記作業要點」外僑取得身分證門檻變高。
1995	永和「中興街成衣聯誼會」成立。
2000	中華民國總統選舉,總統由民進黨候選人陳水扁當選。

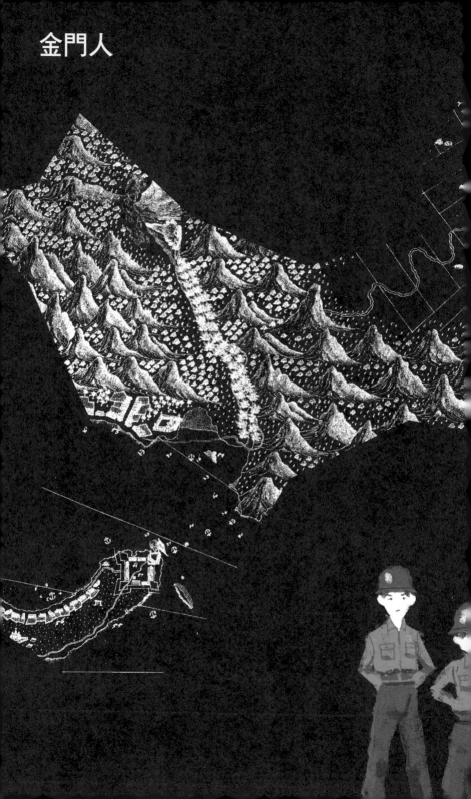

金門人

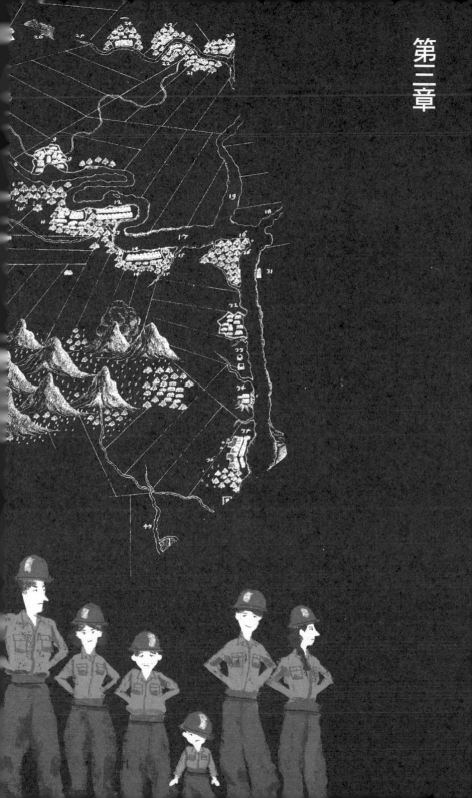

第三章
金門人

「固若金湯、雄鎮海門」：關於金門

金門，舊名浯洲，又有浯江、浯島、浯海、滄
浯、仙洲、吳洲之稱，位居海上交通要道，山海險阻；
歷代各朝政局不穩時，中原移民先後遷徙避居福建
以求偏安，爾後福建居民又因避禍求生遷往金門。
相傳東晉元帝建武元年（西元三一七年）[1]即有蘇、
陳、吳、蔡、呂、顏等六姓族人，因中原五胡亂華
輾轉避居金門。據縣志載，唐代時舊稱「浯洲」的
金門為隸屬於萬安監的牧馬區，是當時泉州五處馬
監之一，「牧馬侯」陳淵率十二姓族人於豐蓮山麓
牧馬營田，陳淵至今仍被金門人視為開疆闢土的「恩
主公」。

時至宋代，因開發日盛，開始在金門設置郡圖[2]，
開征賦稅，將金門劃歸同安縣管轄，今日島上居民
之先世多為宋代以後來此定居。金門昔名「浯江」，
即淵源於泉州一帶移民，以其原居地之河川「浯江」
命名這一新闢之地，以抒懷鄉之情。相傳宋代名儒

朱熹任職同安主簿期間，曾於今金城鎮太文山上設立燕南書院，島上因而文風興盛。

元、明、清三代金門沿襲唐、宋制隸屬同安縣；元代在島上建設鹽場，有鹽區十埕[3]；明洪武年間為防倭寇，設置守禦千戶所，江夏侯周德興在島上築城，寓意「固若金湯、雄鎮海門」，改「浯江」之名為「金門」。清代視金門為海疆要地，於今日金城鎮設置金門鎮總兵署，支援台灣經略要務，居民從軍者眾，從而名將輩出。

民國初年財政匱乏，金門於民國三年併入思明縣，只派分治員處理金門公務。分治員職權寒微、勢單力薄，無力護衛居民安危，導致境內盜賊四起；終在海外金門僑民奔走之下，始於民國四年正式設縣。民國以來政局動盪，先是軍閥割據、後經對日抗戰，抗戰勝利後復陷國共內戰，金門因位置險要、具戰略價值而成為國共對峙下的戰地。自民國三十八年古寧頭戰役起，金門深陷烽火，民國四十五年進入以軍領政、戰備優先的「軍管時期」，全民納入自衛戰鬥體系，使金門成為台灣、澎湖的防衛前哨，中華民國的海上堡壘，當地居民長期身處砲火的威脅，可謂處境艱難。

　　若順著時間軸，從古到今觀看金門歷史，會發現無論從居民的移入或遷出觀之，大抵都離不開戰亂與災害的磨難。金門居民因避禍而來，也因避禍而去；關於金門，剝開官方開墾建設的表皮，底層真切存在的是一部遷徙求生的庶民奮鬥史。迫於時勢不得不在磨難中求生存、在變動中求發展的金門居民，於歷史的長河中，堅忍又極具彈性地為自己和族人闢出一條康莊大道，在各地安身立命、安居樂業。

第一節　先民為避禍而來，因謀生而走

一、天候環境不利居民生計

　　屬亞熱帶季風氣候的金門，夏季長達半年，降雨集中於每年夏季四月至九月，但因氣候炎熱多風、蒸發量大，雨量雖多卻益處甚微。丘陵地形的金門島，構成基岩為花崗片麻岩，島上土壤以砂土與裸露紅壤土為代表。砂土沙層厚、保水保肥力差；裸露紅壤土則表土薄、酸性重、腐植質少，均不利於耕作。受地形影響，溪流源短量少、涸渴時多，島上農作物多為耐旱性雜糧如高粱、玉米、花生、甘薯等。地不足耕，難有嘉禾，部分民生物資需靠與廈門交易補足。

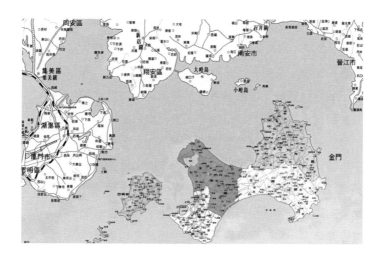

● 1 ｜ 金門與廈門地區關係圖 [4] ｜ 金門縣政府提供

1　《金門縣志》（九十六年續修）全套電子書光碟，金門：金門縣
　　政府，2009，第一冊，頁 208。

2　「郡圖」，宋代地方行政區劃名稱。李增德，《金門史話》，金門：
　　金門縣政府文化局，2005，頁 294。

3　元成宗大德元年（西元一二九七年）建浯洲鹽場，分上下兩埕，
　　上埕轄永安、官鎮、田墩、沙美、埔頭等五處，下埕轄斗門、南
　　安、保林、東沙、烈嶼等五處。李增德，《金門史話》，前引書，
　　頁 103。

4　《金門縣志》（九十六年續修），前引書，第一冊，頁 135。

　　金門為一島嶼環境，縣轄包括：大金門本島，以及小金門（烈嶼）、大膽、二膽、獅嶼、猛虎嶼、草嶼、後嶼、東碇島、北碇島、復興嶼、建功嶼等十二個大小島嶼。以台灣海峽形勢觀之，位於台灣海峽西側、閩南九龍江出海口，緊鄰廈門與同安。漁業受季風影響集中於料羅灣一帶，無奈冬季東北季風強勁，出海作業困難，夏季因東南季風微弱利於捕撈，漁產較豐。戰時基於防衛考量，漁民出海捕魚的範圍與時間受到嚴格限制，船隻只能在近海與沿岸捕撈，無法發展遠洋漁業。近海牡蠣養殖受戰火波及，蠣石數量漸減，所得只夠供銷金門本島；加上人口外流漁民人數遞減，漁業亦終至衰落。

二、天災兵匪加劇人口外移

　　金門島嶼先天環境不佳，難以賴田地維生，不足之糧多從中國湖廣兩地運補，倘若農年豐收則尚可度日，但因素無積糧，若遇旱災則易生饑荒。清朝時金門留有記錄的天然災害就有三十多起[5]，饑荒、瘟疫、旱災、颱風、鼠疫等，平均不到三年一起，對平日尚難以自給自足的金門而言，無異雪上加霜。清同治年間連年荒歉，曾導致大批居民相率逃荒、南渡至南洋各地覓食謀生。

　　再因地理位置特殊，金門各島常受戰火與匪寇侵擾，明代有日本人、荷蘭人、沿海盜賊劫掠，清代有清廷對明鄭的戰事、海寇與法國兵艦來犯。殆清道光年間（西元一八四三年）解除海禁，廈門始成為通商五港之一，航路的暢通使得金廈兩地民眾前往南洋發展者多如過江之鯽，其中亦有部分民眾選擇前往台灣。

　　由於幾乎家家戶戶皆有人丁前往外地求發展，當路線逐一成形，遷移遂成為金門人的一種謀生方式與生活模式，先到達的遷移者，通常會帶領具血緣、地緣、原鄉情誼的同鄉，以既有的遷徙路線與模式在遷入地相互提攜、共謀發展。自明、清以來，台灣及澎湖各鄉鎮中，金門後裔發展成族的可謂所在多有。

三、歷代金門人在台灣（明、清、日治到民國）

　　自古以來因具海利之便，金門居民除少數務農，多以捕魚、經商或從事非法貿易維生。明末清初，倭寇盜賊肆虐，開始有居民外移澎湖、台灣以謀發展。清代鴉片戰爭後，廈門成為通商口岸，與廈門一水相隔的金門居民開始大量移民東南亞，當時幾乎每家每戶都有人到南洋謀生，移居地遍及新加坡、

馬來西亞、菲律賓、印尼、泰國、緬甸等地，使金
門成為著名的南洋僑鄉。

　　清康熙年間台灣納入清版圖，在鹿耳門設海防
同知，准許居民來台經商但不得攜眷；乾隆年間詔
許攜眷同住，金門人即大量往來閩台之間，移民日
多，因而有安平、鹿港、艋舺各地「金門館」的設立，
使來台的金門同鄉得以在旅台期間共同搭伙、住宿、
聚會、祀奉蘇府王爺[6]。此時金門旅台人士開始在文
苑、武蹟上嶄露頭角，如開台進士鄭用錫、以書法
聞名的「台灣金石學導師」呂世宜、地方志史家林
豪、詩詞家林樹海，和以武蹟聞名的董方、余壽、
陳元成、郭揚聲、林廷福等人。

　　日治時期金門人前往台灣的人數驟減，大都改
往南洋發展；昭和二年（西元一九三七年）中日戰
爭，日軍占領金門，約有三千居民逃至中國與南洋。
先前遷居台灣的金門人，於日治期間仍十分活躍於
當地社會，唯清代設置的金門館因服務對象流失使
得其使用率大減，慢慢演變成以蘇府王爺的祭祀為
主的「地方廟」。

　　民國初期政局動盪，政府無暇遠顧，金門島
上土匪、海賊四起，端賴南洋金僑回鄉協建碉堡、

購置槍械、辦理保甲。民國二十六年爆發「七七事變」，金門於三個月後淪陷，直至民國三十四年第二次世界大戰結束為止，歷時約八年[7]。唯二戰結束後復陷國共內戰，金門因位置險要、具戰略價值而成為國共對峙下的戰地，飽受戰火侵擾。

5　呂欣融，〈戰後台灣金門同鄉會發展〉，長榮大學台灣研究所碩士論文，2007，頁12。

6　蘇府王爺蘇永盛，唐代進士，相傳隨牧馬侯陳淵赴金牧馬，金門民眾感念其恩澤，於其死後立廟祀奉，蘇府王爺因而成為金門的鄉土神祇。

7　《金門縣志》（九十六年續修），前引書，第一冊，頁162。

第二節　砲聲隆隆，於政府安排下遷台

民國三十八年（一九四九：本章節民國與西元
年代對照，於國府遷台後略：「西元」、「年」記），
國民政府遷台，金門成為戰地，經濟發展受限，加
上軍管生活不便、海峽兩岸交通斷絕，居民或因升
學、就業謀職的需求，或因姻緣嫁娶、職務調動等
因素，遷居台灣者日增。

一、軍管時期的戰地金門

自民國四十五年（一九五六）開始，金門實施
戰地政務，至民國八十一年（一九九二）解除戰地
政務。在此三十六年期間，金門一切政治、經濟、
社會、教育乃至居民生活方式，皆受到嚴密的約束
與管制，金門縣政府成為戰地政務委員會轄下機構，
縣長由戰區司令官選派；與此同時，福建省政府遷
至台灣，專責研究收復該省各地區之計畫，不涉戰
地政務，金門遂成為以軍領政、黨政軍一元化的戰
鬥體制。

1.全民皆兵，自由受限

國軍為結合軍民戰力，在各鄉鎮設置民眾任務
隊以維護地方治安並協助軍事作戰，經全島戶口普查

● 2 │ 國共兩軍於金門的重要戰疫 [8]

年份	戰役名稱	戰況概述
民國三十八年	古寧頭戰役	古寧頭戰役,民國三十八年十月二十五日至十月二十七日,歷時三天(五十六小時),為一海島防禦殲滅戰,自此扭轉國軍頹勢、穩住台灣海峽。
民國三十九年	大二膽之役	民國三十九年,大二膽之役,國軍憑藉海島優勢再度擊敗共軍來犯。
		民國四十、四十一、四十二年,在美國情報單位的援助之下,國軍分別突擊福建沿海湄洲島、南日島與東山島,以達箝制中共之目的。
民國四十三年	九三砲戰	民國四十三年秋天,東南亞會議召開前夕,中共為遏阻美國與東南亞各國締約,於九月三日砲襲金門,國軍亦以砲火反擊。此場兩岸火砲之戰歷時三年,金門軍民生活在砲火之下,日日處於備戰狀態。
民國四十七年	八二三砲戰	民國四十七年八月二十三日傍晚,共軍火砲三四〇門,齊向金門奇襲,自此連日砲戰激烈空前,直至十月六日共軍單方宣稱停火一週,共落彈四十七萬四,九一〇發。此後國軍掌握制海、制空權,共軍改採搔擾戰術,十月六日「停火一週」後,共軍再宣布「停火二週」並隨後提出「單日打、雙日停」,開始兩岸長達二十年「單打、雙不打」的火砲戰爭,迄民國六十七年中共與美國建交為止。

後進行編組，男性年十二至五十五歲、女性年十二
至四十五歲均強制加入民防自衛訓練工作。初期每
年訓練至少十三週（一〇四小時），民眾需自費購
置民防隊服裝、自備膳食參加訓練與演習；講習內
容除戰鬥、防護、救護工作之外，尚包括灌輸反共
思想的政治教育——「莒光日」教學活動。一九六八
年九月，更將全縣併編為七十三個戰鬥村，擴大組
訓民眾以期達到「人人都是戰鬥員、村村都是戰鬥
堡」的境界。軍方完全將金門民眾視同軍人，透過
民防自衛組織以及在每村設置的聯絡員、管理員監
控民眾日常活動，並藉由「五戶聯保」、晚間十點
至隔日五點宵禁、出入境管制等措施，對民眾的日
常作息與人身自由進行嚴格的控管。民眾出入金門
必須事先申請「入出境許可證」，赴台亦須申請「往
返許可證」方能安排交通工具，經層層查驗後放行；
直到一九九〇年六月十六日國防部宣布金、馬民眾
得以身分證取代「往返許可證」為赴台證件，入出
境證才正式走入歷史。

2. 物資、物價與金融管制

　　金門由於土地貧瘠，部分民生物資需仰賴與
廈門交易取得。國軍戍守金門後，突增近十萬軍
隊，造成物資需求倍增，加上與廈門交通斷絕，而
由台灣供應的物資又常因天候延宕，使得物資長期

處於缺乏狀態；商店經常囤積物品、哄抬物價，造成經濟狀況不穩。為避免重蹈通貨膨脹之覆轍，一九四九年胡璉任職司令官之初即採取一連串的管制措施。

　　為便於物資的管理，成立「物資供應處」[9]統一向台灣採購物資，並設有「金門物資管制委員會」對物資交易進行管制與檢查，嚴格掌控貨物進口數量。其後雖有部分物資開放民眾直接對台採購運售，但直至一九六三年初，物資供應處仍持續握有民生必需品的採購供應權，間接使得民間商業型態的發展受到限制。在物價方面，早期規定統一物價，依據物資管制辦法，物品售價由「物價評議委員會」負責評定，並經縣政府公告後通知商店照價販售，物品的市場價格與販售利潤完全由「物價評議委員會」一手掌控。

8　李增德，《金門史話》，前引書，頁 221-227。

9　「物資供應處」：一九四九年成立「金門粵華官兵消費合作社」，一九五二年改稱「金門經濟管制物資供應社」，到一九六四年定名「金門政務委員會物資供應處」。隸屬政務委員會，將物資分為戰備、貸售、現金採購三部分，戰備物品囤積一定期限後會推陳換新，並將舊品銷往市面供民眾買賣使用。許美玉，〈前線女性在寶島・永和地區金門婦女生活研究（1949-2001）〉，臺北教育大學台灣文化研究所碩士論文，2007，頁 15-16。

　　國軍主政初期由於幣制混亂，曾於一九五〇年發行臨時「粵華流通券」以統一幣制；爾後為安定軍民生活，乃於一九五二年五月一日發行專限金門通用之「金門」新台幣，幣券皆由台灣銀行統一印行，形制與新台幣完全相同，但加印「金門」、「限金門通用」、「限金門地區通用」等字樣，限在金門流通。

　　金門軍民赴台，必須持有防衛司令部核發出入境證，才能夠在規定限額之內兌換新台幣使用。此外民間匯款須經縣政府審核登記，每月匯款額也設有限制，違反規定者將受懲處。金門當地商業受限於匯兌金額，極難發展成較大規模。一九八九年九月一日，因兩岸關係轉為和緩，始以逐漸回收、不再加印「限金門通用」等字樣之方式，使新台幣在台灣與金門地區一體適用。

3. 仰賴軍人消費，跛腳的經濟

　　國軍進駐金門，糧食與酒精飲料的需求大增，加上土地貧瘠不適合種稻，因此當時胡璉鼓勵民眾種植高粱，以「一斤高粱換一斤白米」的方式向政府換米，再由政府將高粱製酒銷售，並將製酒權收歸公有，採公賣制度。在解決民眾的糧食需求之餘，

更因製酒銷售所得漸豐，遂成為當地軍事與地方建設的主要經費來源。

　　金門政府的主要財政收入來源來自鹽、酒等公營事業。金門四面環海、日照強烈，適合晒鹽，自元代起即設有鹽場；清末五口通商，赴南洋謀生者眾，導致鹽場人力不足，產量驟減。日軍占領金門後，在西園建新式鹽田；國軍進駐金門後，島上人口大增，且由中國大陸供鹽的來源中斷，故修復西園鹽場，並於一九五二年六月核定國營，收益歸軍方所有。解除戰地政務回歸憲政後，因需求量降低致使虧損連年，終在一九九五年七月關閉鹽場，停止製鹽。

　　為因應國軍駐金期間軍人日常生活所需，許多民家開始經營商店，販賣菸、酒、肥皂等物品。待物資供應處開放民眾自由採購民生必需品以外物資，經營商店的獲利漸佳，促使商家數量日增。此一軍人為主的消費型態，曾造就新興城鎮「新市」（山外）的發展；靠軍人消費賺取生計，成為軍管時期多數商家重要的收入來源。解嚴後，由於台海關係趨於緩和，金門駐軍人數大減，造成地區消費人口驟變，商家主要收入斷絕，導致金門地區商業發展日漸蕭條。當地政府雖試圖以開放金門地區觀

光重振地方經濟，卻礙於觀光事業被少數資本家壟斷，難為一般民眾帶來實質收益。

二、八二三砲戰與第一波大型遷台潮

　　二戰後初期，部分仰賴僑匯[10]維生的金門僑眷，因金門重又深陷烽火，南洋僑匯無法匯入金門，因而設法舉家遷至台灣。民國四十三年（一九五四），九三砲戰後陸續遷居台灣的金門居民，早先多以台北市迪化街、松山區與內湖區為落腳處；有些人在迪化街做生意或當學徒，有些則在小型工廠較多的松山區打工維生，而其中經濟條件較好的家庭則落腳於新興住宅區內湖。[11]

　　民國四十七年（一九五八），八二三金門砲戰，共軍自南安、同安、廈門沿海猛烈砲轟金門，金門中學校舍毀於砲火；政府安排全校學生九百餘人於十月十日遷台，分配至全省各省立中學就讀，並宣令疏遷金門居民至台灣，此乃金門人遷台第一波大型移民潮之始。次日（十月十一日），金門縣疏遷民眾六，一五四人來台[12]，由政府安排暫時安頓於高雄四所國民學校，此為戰後金門居民在政府安排下遷居台灣之濫觴。

　　當時來台的金門人由於無力負擔台北市的房租，以落腳台北縣（現新北市）居多，永和、中和、三重等三處即達萬餘人，據查台北縣就有近四萬人，台北市次之，再次為高雄市，其他縣市亦有金門人居住 [13]。

　　據載，金門各地遷出人口數以八二三砲戰當年（民國四十七年），與隔年（民國四十八年）為最多，分別是一萬〇，四二九與六，九一〇人 [14]。當時金門人聚居地依序仍為台北縣（今新北市）、台北市、高雄市與其他各縣市。根據民國六十五年的現況調查，遷台民眾因台北市工作機會較多，以群居北部為眾，台北市有一百〇九餘戶、台北縣永和鎮近四百戶、三重一六〇餘戶、中和約七十餘戶，其

10　「僑匯」是指在南洋各地努力工作的金門人，省吃儉用將其所得匯回家鄉金門，供給父母親人使用。金門許多聚落的建設都與僑匯有著密不可分的關係。

11　許美玉，〈前線女性在寶島：永和地區金門婦女生活研究（1949-2001）〉，前引書，頁 43。

12　《金門縣志》（九十六年續修），前引書，第一冊，頁 162-163。

13　許美玉，〈前線女性在寶島：永和地區金門婦女生活研究（1949-2001）〉，前引書，頁 42。

14　呂欣融，〈戰後台灣金門同鄉會發展〉，前引書，頁 32。

餘零星分布北區各縣市鄉鎮人口約萬餘人（台北縣總計約四萬人，至民國八十九年全縣計約十萬金門鄉親）[15]；亦有部分直接落腳於當時政府暫時安置的中、南部縣市。部分遷移者到台灣後因經濟狀況、謀生條件等因素而決定返回故里者約有五分之二，民國四十九至五十三年期間，遷入金門人數大於遷出人數，其中即有不少為返鄉者。

　　一九六〇年代（民國五十一至五十六年間）金門戰地政務委員會以金門縣政府販售陶瓷瓷土以及金門高粱酒的公費，在中和購置「復興新村、太湖新莊、太武山莊、浯江新村、九如新村」等五處眷村[16]安置金門遷台的文職員工眷屬，這五處眷村的土地在戰地政務結束後，於民國九十二年移轉歸還金門，使得金門縣成為唯一在台北縣（今新北市）擁有土地財產的縣市。而其中位處南勢角的復興新村已於民國一〇〇年改建完成，名為「金門新村」，將於安置中和五眷村居民之後開放原籍金門的居民抽籤購買。[17]

15 呂欣融，〈戰後台灣金門同鄉會發展〉，前引書，頁 32-33。

16 「五眷村改建盼展現金門人文精神」（2006 年 8 月 18 日）。
金門日報。取自「金門根本浯江文采工作室網：社論七集」：
http://www.kinmen.info/article/article.php?SN=56&DirSN=26，
（2011 年 9 月 9 日瀏覽）。

17 「金門新村」於民國 100 年 5 月 2 日峻工，因施工損及鄰宅，直
至民國 102 年 5 月 28 日始由新北市政府工務局核發使用執照。
資料來源：財政處（2013 年 6 月 3 日）。「中和五眷村──金門
新村（復興新村）不動產處分訊息」[公告訊息]。金門：金門縣
政府。取自：http://www.kinmen.gov.tw/Layout/main_ch/News_
NewsContent.aspx?NewsID=63053&frame=17&DepartmentID
=13&LanguageType=1，（2013 年 6 月 22 日瀏覽）。

第三節　經濟起飛，舉家來台謀發展

一、台灣經濟起飛與第二波大型遷台潮

　　民國五〇年代末至六〇年代初（一九六〇至七〇年代），台灣經濟建設起飛，工作機會多，許多金門居民興起至台灣就業謀職、發展事業的念頭，也因此形成第二波以經濟因素為主的大型移民潮。自民國五十六年至七十六年，金門人口數持續二十餘年呈現負成長（金門地區總人口數於民國六十二年為六萬一，六九九人，民國七十九年則是四萬二，七五四人[18]），這波長期性移民，居民遍布全台各地，許多人因此定居台灣。

　　初至台灣的金門人在初來乍到、人生地不熟的狀態下，常先投靠親戚以期相互照應，形成台灣各地金門人群聚而居的現象。此時金門居民聚集地依序為台北縣市、桃園縣市、台中縣市、台南縣市、高雄縣市，在台北縣市仍以永和、中和、三重最多，約七、八萬人[19]；其中落腳三重者以古寧頭李氏為眾，移居中和的金門人則分布於圓通路、南勢角興南路、員山路、漳和等區域。

二、定居永和，落地生根

相較於遷居中和的金門民眾多集中於政府安置
的各個眷村，遷入永和的金門人就顯得零散許多。
據《永和市志》記載，金門人遷居永和最早為清代
早期金門許姓，許姓人口在永和是除了陳姓、林姓
之外的第三大姓。在永和的許姓有來自福建的兩大
支，一為石龜許姓，另一個就是金門許姓[20]。金門
許姓來台開基祖洪源公於溪洲秀朗沿新店溪一帶墾
地農耕、捕魚為生，日治時有子孫落籍今林森路一
帶。永和瓦磘、舊廍、後溪、秀朗店街、下溪等地
都有金門許姓人士居住。金門許姓人士以生於民國
前十三年的許加先生較為人所熟知。許加為當年地
方仕紳之一，與楊仲佐先生共同奔走催生「川端橋」
（今中正橋前身），畢生奉獻於信用合作事業，而
許加古厝永福居今仍屹立於原址。

民國三十八年（一九四九）國民政府遷都台北
市，永和被規劃為首都疏散地，闢建許多公務人員
住宅，外省移民大量湧入，其中亦包括由金門遷台
之公教人員。早期遷居台灣的金門人，大多居住在
台北市，除公教人員外，多在迪化街、松山等地區
謀職營生；後期則因經濟條件無法負擔，轉而定居
台北縣，部分任職於台北市的居民選擇居住在永和，

另有一部分居民則前往蘆洲、三重等工業區以及中和的加工廠覓職、定居。

　　近代金門人大量定居永和始於民國四十七年（一九五八）八二三砲戰，政府下令疏遷金門民眾到台灣。早期永和沒有工廠，遷居永和的金門人，以各鄉各里靠南洋僑匯租屋的華僑家族居多。永和租金較便宜，單靠僑匯維生的僑眷，在不需工作的情形下尚能負擔；且當時已有金門鄉親在此定居，互相往來方便，故多以永和為落腳處。爾後大批金門人遷台，同鄉親友互相牽引，永和遂成為金門人在台北縣（現新北市）的主要聚居地之一。八二三砲戰後不久，時居永和地區的金門人口約二、三萬人（包括落籍與未落籍）[21]，多分布於中興街、豫溪街、竹林路、環河東路等區。

18　呂欣融，〈戰後台灣金門同鄉會發展〉，前引書，頁33。

19　許美玉，〈前線女性在寶島：永和地區金門婦女生活研究（1949-2001）〉，前引書，頁44。

20　金門許姓祖籍為福建省泉州府，同安縣金門十九都，鹽埕尾鄉。

21　許美玉，〈前線女性在寶島：永和地區金門婦女生活研究（1949-2001）〉，前引書，頁57。

第四節　閩南文化在金門，金門文化到永和

一、居民職業

定居永和的金門人，從事工作各行各業都有，但上班族、公教人員所占比例較高。考量子女教育問題而自願請調台灣的金門公教人員，因永和鄰近台北但居住費用較低、且教育環境佳；轄區內的永和、福和國中讀書風氣不錯、校風良好、升學率高；故多以永和為居住地。永和地區有為數不少的金門人在台北市與新北市擔任教職或服務於公家單位，形成金門籍公教人員大多居住於永和的現象。

金門子弟於初中畢業後，除順利進入金門高中、高職就讀者外，如要升學或就業，也多以來台為首選，而高中畢業赴台攻讀大學，並於完成學業後順勢留在台灣就業的大學生更是為數眾多。另有不少金門子弟因就讀軍校能減輕家中經濟負擔而選擇從軍，擔任軍職者，於軍校畢業後，隨職務調動而分散至全台各地的亦所在多有。此外，由於台灣電力公司與金門高職建教合作，許多子弟隨著台電業務之擴展而分落至各地，也使得金門人的蹤跡因而遍布全台。

　　對金門人來説，一份穩定可靠的工作，能夠提供家庭穩固的收入來源，比什麼都來得重要。長期承受天災人禍侵擾的金門民眾，對於穩定、溫飽的需求遠高於對功成名就、富貴顯達的追求。也因此，相對穩定的公營事業、公家機關，便普遍成為金門人就業時的首選，直至今日，仍有相當多金門家庭，期盼子女能於完成學業後進入公營事業或公家機關服務，成為「生活有保障」的公職人員。

二、語言異同

　　由於自古移入金門墾殖的居民多來自福建同安一帶，故其語言屬閩南語系，源自中原河洛一帶的漢晉語言「河洛語（福佬語）」；因福建自成偏安體系，不受中原歷來政治更迭影響，使得閩南語仍保有大量魏晉以前的古音和語彙，與後來漢、胡語並行所衍生的北方官話以及江南吳語聲調互異。

　　金門閩南語和台灣閩南語皆具漳、泉兩地口音混用的特色。一般而言，日常對話溝通無礙，但讀音與聲調略有不同，遷居永和的金門鄉親，就常常「聽音辨人」，在路上聽見「金門腔」便會相互攀談、熟絡起來。諸如金門人稱「馬鈴薯」為「ㄍㄢˇㄧㄌㄢ」，説「辣」為「ㄌㄨㄚ」，「什麼事」為「ㄇ

ㄧ、 ㄧㄅㄞˊ」，以及尾音上揚「ㄅㄧˇ ㄧㄐㄧㄡ
ˊ」、「ㄅㄧˇ ㄧㄏㄧㄡ ˊ」（在這裡、在那裡）
等說法皆與台灣閩南語不同。

此外，由於台灣曾受日本統治，使得台灣閩南
語接收了許多日文的語彙和發音，不少字彙與長期
屬於軍事管制區域的金門閩南語說法不一。諸如「卡
車」台灣人稱之「ㄊㄨㄚ ㄧㄅㄧㄎㄨˋ」金門人
稱「ㄅㄚˋ ㄧㄑㄧㄚ」，「機車」台灣人稱之「ㄛ
ˋ ㄧㄅㄡ ˋ ㄧㄅㄞˋ」金門人稱「ㄍㄧ ㄧㄑㄧㄚ」；
「台灣人稱「蘋果」為「ㄌㄧㄥ ˋ ㄧㄍㄡˇ」金門
人則直譯為「ㄆㄥˇ ㄧㄍㄛˋ」等等。據研究
[22]，日常生活中越常使用的字彙，說話者越傾向使用
「台灣腔」，越是年輕的族群也越容易偏好使用台
灣腔；最初金門人或許是為了生活所需而改說台灣
腔，但隨著遷台時日增加，在同化調適的作用之下，
除了年歲較高的長者較不易改變其說話腔調外，「金
門腔」已逐漸較少為人聽聞。

三、宗教習俗

除了語言，隨著居民自閩地遷入金門的宗教祭
典、風俗習慣，也相當程度在金門這塊土地深根厚
植、成長茁壯，更從明清時期開始，隨著金門民眾

的外移遷徙，散播至南洋各國與台灣、澎湖等地，使金門成為著名的閩南文化原鄉。

1. 敬天地，儒道佛同堂共拜

昔日農、漁業社會，居民靠天吃飯，加之以醫藥不發達、瘟疫橫行，人們在無助之餘，唯有請求蒼天庇佑，使得金門宗教色彩濃厚。居民敬天祭神，一年之中大小拜拜不計其數。除常見的歲時節令，初一、十五，諸天神佛、古聖先賢生辰聖誕之外，尚有二月十五「春祀」、八月十五「秋嘗」祭祖曰之「做春秋」；清明、冬至各宗廟祭祖「吃頭」；四月十二迎城隍、蘇王爺聖誕建醮；初二、十六敬拜地基主，犒軍拜門口，有汽、機車者拜「車公」等，幾近無所不拜。長此以來，金門在地民間信仰乃形成儒家、道家、佛家雜揉，同堂共拜的特殊景象。

2. 尊祖先，宗族組織龐大、凝聚力強

在金門的當地村落，以個體家族群聚而居所形成的血緣聚落[23]為主。由於同宗同族比鄰而居，宗族凝聚力幾乎等同於村落向心力。為使宗族強大茁壯、開枝散葉，承襲父系社會傳統的金門民眾普遍存有重子嗣（重男輕女）的觀念。金門俗諺有云「海

水黑黑，查某（女孩）換查甫（男孩）；海水青青，
囝仔（女孩）換后生（男孩）。」而在親族、鄰里
關係緊密的金門社會，宗族親友的看法與觀感對於
個人、家庭的許多重大決定皆具有一定的影響力。

　　宗族力量成為維繫社會網絡與秩序的重要支柱；
而尊祖先、敬天地的思想也隨著各家族宗廟的祭儀，
以及宗教慶典的舉行，深植金門民眾心中。金門當地
也因此保有為數眾多、密度甚高的各姓祠堂建築，以
及較為完整的祭祀儀禮 [24]。即使舉家移居永和，金門
家庭仍然相當重視祭祖的儀式，除在家中設有神案將
祖先牌位移請住所按時祭拜，許多金門人更會在重大
節日特地返鄉參與祭祀活動，由各家族舉派家中男丁
前往參與每年元宵、清明或冬至舉行的宗族祭祖「吃
頭 [25]」活動。而金門的飲食文化，也隨著祭祖與節慶
的儀式，一同遷入永和的金門人家中。

22　蔡　瑜，〈金門金城閩南語央元音（ö）與（ㄍ）之社會變異研
　　究〉，靜宜大學英語系研究所語言組碩士論文，1990，頁 5。

23　血緣聚落人際網絡構成維繫準則為「宗祧制度」與「昭穆制度」。
　　「宗」之下分「房」，其下再分「祧」與家庭。「祧」是配合人
　　丁繁衍與實際生活需要，同居合食的家庭。輔以「昭穆制度」（輩
　　分制度）維繫「宗祧制度」倫常秩序，同房各家庭為子孫命名時，
　　會自輩分字序中取一字置姓下命名，使宗親相見時互道「字派」
　　即知輩分高低。李增德，《金門史話》，前引書，頁 35-37。

四、飲食習慣

　　諸如正月初一早飯吃麵線以及十二株整棵菠菜[26]
煮熟的「長壽菜」；農曆二月初二家家戶戶包菜粿、
煮貓粥[27]敬拜福德正神，謂之「二月二，煮貓粥糊
貓鼻」；清明祭祖吃「漆餅」以及表示讓家道興旺的
「發粿」；端午食粽子、南瓜麵；六月十五吃湯圓（半
年圓）；八月中秋搏「狀元餅」；小年夜晚飯吃「豆
渣圓」或「菜頭圓」配雞湯、年夜飯要炒冬粉或是黃
麵象徵長壽；小兒週歲吃雞腿表示能一生平順好運
勢等等。雖然飲食背後的種種含義，或已隨著遷居
的時日漸長、年代漸遠而逐漸佚失，但這些年節應
景的吃食，仍舊是許多金門人心中獨特而無可取代
的家庭記憶。

　　除了歲時節慶的應景吃食，金門一般民家平日
飲食則多以白米、甘薯為主，各式粥、飯佐以海鮮、
菜蔬、醃菜（酸菜、蘿蔔乾）、鹹魚等，即為普通
人家尋常的一餐。而金門的特色小吃則有「鹹粿
炸」、「粿仔煮麵線」、「金門廣東粥」，海產類
的「炒沙蟲」、「香螺」（俗稱「風颱螺」）、「蟛
蜞酥」（以鹽、糖、酒糟醃漬的小螃蟹）、「花蛤」
等，其中又以「金門廣東粥」流傳較廣，幾乎全台
各地均能見到它的蹤跡。

◉3 │ 漆餅備料
各類常見食材，詳見本節，頁 156。

---

24 福建泉州、莆田、同安等地與金門有血緣關係的祠堂，多於文化
    大革命期間遭焚毀或破壞，近年來雖有許多祠堂重建或修建，但
    祭祖儀式已無傳承，儀式相當簡化。

25 「吃頭」（吃祖）意指祠堂於每年例行性祭祖後，舉辦餐會以凝
    聚情感、商討族中事務，由族中男丁輪流「作頭」負責祭祀及餐
    會費用。

26 在金門，冬粉、黃麵與波菜皆有長壽之意。

27 以米，肉、雜芋薯煮粥曰貓粥；以甘薯粉裹蚵、菜、肉類為餡曰菜
    粿。《金門縣志》（九十六年續修），前引書，第三冊，頁 106。

關於「金門廣東粥」何時由廣東傳入金門已不
可考，今日的「金門廣東粥」卻與台灣的「廣東粥」
做法不盡相同，「金門廣東粥」的做法是先熬清粥，
再以篩子將較大的米粒撈起搗碎，加上大骨湯煮成
稀爛的糜湯，佐入配料，方成「看不見米粒」的「金
門廣東粥」。

而在年節吃食當中較為特別的，當屬清明時家
戶用來祭祀祖先的「漆餅」（薄餅包菜餡）。「漆餅」
（七餅菜、擦餅）又稱春餅，即為一般人熟知的潤餅
或春捲。相傳是由金門蔡厝蔡復一的夫人李氏發明，
為方便公務繁忙的丈夫可單手進食，而將飯菜包入麵
皮當中。金門「漆餅」常見的餡料有：芹菜、春筍、
香菇、蒜苗、豆芽、胡蘿蔔、高麗菜、小黃瓜、香
菜、豆干、韭菜炒蛋、醃大頭菜等切絲炒熟，再一一
拌炒均勻，依各家喜好有時還會加入豬肉絲、燙熱的
海蚵等等；食用前將餡料放入餅皮、撒上花生粉或抹
上甜辣醬，最後包裹成捲。每逢清明，一家老小圍坐
桌前，人手一捲、邊包邊吃，對很多金門子弟來說，
是家庭記憶中不可或缺的年度盛事。

● 4 ｜簡易漆餅作法

　　　｜準備食材下鍋翻炒｜包餅｜捲起

從「金門人」到「永和人」

　　當年歷經戰火的金門民眾，若獨自來台發展，多在工作或收入穩定之後想方設法將家眷也接到永和定居；落籍永和的金門人，在永和成家立業，隨著歲月更替慢慢融入當地生活。直至今日，許多定居永和的金門家庭已有生長於此的第二、第三代；對於在此地成長的第二、三代金門子孫而言，身為「金門人」的認知，已逐漸演變為自己的眾多身分之一，對於金門的感受，也轉變成一種遙遠的原鄉情懷。每當提及「金門」，心中想起的是父母的、祖父母的故鄉，或是叔伯姑舅、親戚的家，而屬於自己的故鄉認同，則隨著世代更迭，開始在永和落地生根。

　　在永和成長的金門子孫，對於金門的認同，和自小在金門成長、歷經艱苦與磨難，心中夾雜了許多成長記憶的父執輩們的故鄉認同已大相逕庭。對新世代的金門子孫而言，「金門」已非餵養我長大的地方，而是生活中附屬於家庭文化的一個部分。父母口中的家鄉話，逢年過節的祭儀、習俗和飲食，這些「金門文化」，被落實在年復一年的家庭生活中，自也無可避免地消融於日常生活裡。隨著金門人在永和一代代的傳承，許多的文化傳統或將漸次佚失。在可預見的

將來，自小由永和餵養長大的新一代金門子孫，對於
金門的記憶，或將所剩無幾。只能企盼藉由飲食文
化、祭典禮儀的薰陶，在世代金門子孫的心中，留下
些許對於原鄉金門以及歷代祖先的崇敬之意。

參考書目

書籍

中華綜合發展研究院應用史學研究所，《永和市志（上）（下）》，台
　　北縣：永和市公所，2005。

西瓜哥哥、吳啟騰、楊天厚，《金門有聲書：金門有喜》，金門縣政府
　　文化局，台北：聯經，2008。

李增德，《金門史話》，金門：金門縣政府文化局，2005。

《金門縣志》（九十六年續修）全套電子書光碟，金門：金門縣政府，
　　2009。

陳東華，《永和常民史》，中和：作者自印，2005。

楊天厚、林麗寬，《金門歲時節慶》，台北：稻田，1996。

學位論文

王美媛，〈金門傳統飲食文化之研究〉，銘傳大學應用中文研究所碩士
　　論文，2006。

朱禹潔，〈金門祠堂空間組織研究〉，臺北藝術大學建築與古蹟保存研
　　究所碩士論文，2008。

呂欣融，〈戰後台灣金門同鄉會發展〉，長榮大學台灣研究所碩士論文，
　　2007。

許美玉，〈前線女性在寶島：永和地區金門婦女生活研究（1949-2001）〉，
　　臺北教育大學台灣文化研究所碩士論文，2007。

蔡　瑜，〈金門金城閩南語央元音（ö）與（ㄍ）之社會變異研究〉，
　　靜宜大學英語系研究所語言組碩士論文，1990。

網路資料

財政處（2013 年 6 月 3 日）。「中和五眷村──金門新村（復興新村）
　　　不動產處分訊息」[公告訊息]。取自「金門縣政府」：http://
　　　www.kinmen.gov.tw/Layout/main_ch/News_NewsContent.
　　　aspx?NewsID=63053&frame=17&DepartmentID=13&Langu
　　　ageType=1，（2013 年 6 月 22 日瀏覽）。
「五眷村改建盼展現金門人文精神」（2006 年 08 月 18 日）。金門日報。
　　　取自「金門根本浯江文采工作室網：社論七集」：http://www.
　　　kinmen.info/article/article.php?SN=56&DirSN=26，（2011
　　　年 9 月 9 日瀏覽）。

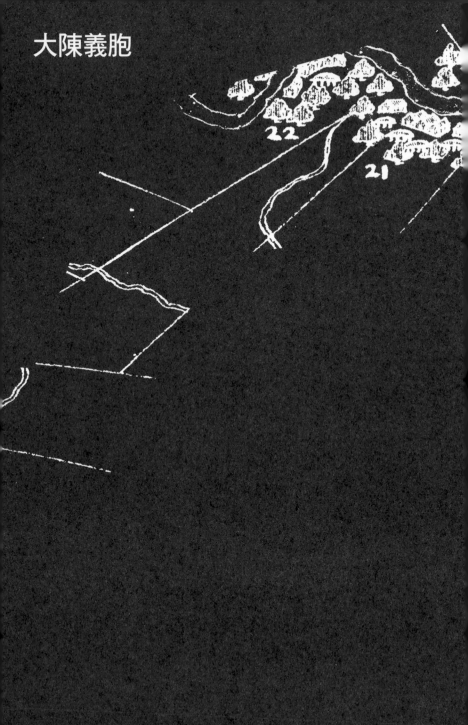

大陳義胞

第四章
大陳義胞

第一節　大陳島簡介

　　浙江省台州灣外海有一群列島，統稱之為「大
陳島」。這些島嶼或島或山，有些與大陸相連，如
一江山便是只有駐軍沒有居民的荒山，而洞頭則與
大陸最近，退潮後即可徒步登陸。這一群由眾多大
小島嶼共組的列島，分屬浙江省內的不同縣境，「大
陳島」乃其主島，屬溫嶺縣，古時候稱太平縣，隸
屬於浙江省台州府，明朝中期開始有人群聚落出現。

　　大陳島的歷史可大致推算到明代末年，但當時
的記載多係傳聞，或謂明代海寇猖獗，明將戚繼光
守備台州，以軍陣大敗倭寇於海島，遂稱該島為「大
陣島」，後輾轉訛傳為大陳島；或謂明代遺臣駐守
孤島，圖謀反清復明，明室傾頹後便在島上建招寶
寺隱居，是為大陳始祖。其實，大陳島的居民大多
是在清代中葉以後由浙江沿海地區移入的外來者，
尤以台州府人士居多。後來陸續又有閩北地區的福
州人前來，加入討海人的生活行列。整體而言，所

	民國 18 年	民國 22 年	民國 34 年	民國 41 年
上大陳	政府劃三島為溫嶺縣直屬村，命名「鳳尾村」	改名為「紅美鄉」	合併上下大陳為「鳳尾鄉」，鄉公所設下大陳	重劃後稱「復興鄉」
下大陳		改名為「鳳尾鄉」（含竹嶼）		重劃後稱「成功鄉」
竹嶼島				歸江浙總部直轄

● 1 ｜ 大陳地名沿革

資料來源｜維基百科：金剛計劃條目，詳見頁 171，註 1。

謂的「大陳人」大體上由台州府三縣（臨海縣、黃岩縣及溫嶺縣）加上福州人共同組成。

　　大陳島又可分為上大陳和下大陳，上大陳舊稱鴻美山（一說「紅美山」），面積九‧一平方公里。下大陳舊稱「鳳尾山」，面積六‧三平方公里。全島面積共十五‧四平方公里。兩山對峙，僅一水之隔。除上下大陳本島外，北有漁山島、頭門島、一江山；南有竹嶼、披山、積穀、南麂等島。

　　根據民國四十三年的人口統計，其本島（含竹嶼）人口為一萬三,六二二人。另有二,五四○人為民國三十八年後由各省縣遷入人口。（撤退時人口多達一萬八千餘人，包含外島人士，如漁山、披山、南麂島等。）人口組成來源多屬台州府臨海縣、黃岩縣、溫嶺縣人；另有閩北福州人居於下大陳大小浦一帶。

　　島上通行浙語（黃岩、臨海、溫嶺話）；閩語僅在福州人之間使用。民國三十八年後，官員及軍隊人口愈來愈多，南腔北調齊集大陳，政府遂力倡國語，但原島民仍慣用各別方言。

　　上大陳山巒疊嶂，以風門嶺（半天飛）為最高峰，海拔二○八公尺，當時曾設有雷達站，是為「二○八高地」；港灣則以大岙裏、關帝岙最深，宜泊船艦。

　　下大陳之騎龍山頭為最高峰，抗戰時期曾遭日本人占據。大沙頭港口建有海軍碼頭及魚船埠頭。

　　大陳島氣候冬暖夏涼，春夏多霧，時吹東南風，有颱風襲境。雨量四季適宜，惟六、七月或有亢旱。潮汐的漲退並無規則，與大陸港灣亦不相同，但島民仍依俗諺與經驗推算潮汛。

　　土地不宜耕作，所種雜糧如薯蒔、小麥，收成不敷供應三個月之糧，故仰賴大陸供給糧食淡水，民國三十八年後則依賴台灣繼續補給。雖有家畜（如：豬、羊、貓、狗），但不養雌者；有雞鴨，但甚少；牛、馬、驢更為稀有。海產豐富，終年不絕，以蝦皮、海蜇、墨魚為大宗；黃魚、鰻魚亦頗豐盛。

第二節　大陳人來台遷徙歷程

一、歷史背景概述

　　國共戰爭後期，國民政府退守台灣，但在浙東
沿海和閩東沿海外仍保有許多「外島」。外島的功
用在牽制中國軍隊，阻礙中國在東南沿海一帶的發
展。位於台州列島上的大陳島，為浙東沿海外島的
中心據點。西元一九五三年（文後以略：「西元」
記）韓戰結束後，中華人民共和國（文後簡稱：
中國）將兵力集中於閩浙沿海，於民國四十三年
（一九五四）起開始猛烈攻擊外島。民國四十四年
（一九五五）一月八日，中國向大陳列島外圍據點：
江山，發動大規模攻擊，國民軍無法阻止共軍的攻
擊，大陳島岌岌可危，隨時可能被中國軍隊攻陷。
國府遂決定從大陳撤退，將撤退行動命名為「金剛
計畫」[1]，經由和美國協商，由美國第七艦隊協助，
於民國四十四年二月八日開始，至二月十二日順利
完成，成功將浙東沿海外島的軍民物資，全體撤回
台灣。一萬八千餘名的大陳居民，離開故鄉來到陌
生的台灣，政府在全台十二個縣市，興建了三十五
個大陳新村，提供大陳島民居住。同時輔以農、漁、
工、商等職業，分別輔導就業，在台灣落地生根。

◉2 ｜ 大陳義胞抵台｜中央社提供

圖片説明｜大陳義胞抵台０００１—００３６大陳島義胞第一
批撤退抵基隆下船時的情形

二、韓戰結束後的「金剛計畫」

.

　　「金剛計畫」內容，主要是撤退上下大陳、披山、漁山島，將島上的軍民物資等全面撤離。於一九五五年二月八日開始進行，由美國軍方和中華民國國軍合力進行一項軍事計畫。

　　由於這個計畫包含二個體系，所以權責的分配是很重要的，美國和國軍分別負責不同的工作：（1）美第七艦隊海空部隊，負責掩護包括漁山、上下大陳及披山島上部隊，以及軍品之轉進。（2）美海軍以艦船協同實施該地區之掃雷作業。（3）美海軍航空部隊在本作戰行動中，以上大陳屏風山東北角為中心，實施五十里半徑內之空中警衛掩護。（4）美軍擔任北緯二十七度以北之海空支援與掩護行動。北緯二十七度以南之空中掩護，則由國軍空軍擔任。（5）美方所提供運輸船團，只負責上下大陳國軍美械部隊（第四十六師）之撤運。後由於（6）漁山及披山陸上部隊之撤運對象與地區不同，而將原先之「金剛計畫」，演繹成金剛 A、B、C 計畫，以資區別，便於實施。[2] 由於金剛計畫是包含上下大陳島和披山島、漁山島，運送的包括島上的軍隊（正規軍四十六師與反共救國軍）和居民，所以整個計畫分為 A、B、C 三種：

計畫名稱	實行日期	實行地區	撤運目標	負責單位	備註
金剛 A 計畫	1955 年 2 月 8 日	上下 大陳島	國軍 正規師	美軍為主 國軍為輔	A 和 C 合 併實施
金剛 C 計畫			軍眷 民眾		
金剛 B-1 計畫	1955 年 2 月 9 日	漁山島	全體 軍民	國軍	B 計畫原 為「大道 計畫」美 國協同防 衛

　　美軍是此次計畫之主力，海空的防衛幾乎是由美國所主導，尤其是空中防衛部分，美軍原本只負責大陳一帶的空防，經過協調後，範圍幾乎含蓋大陳地區（包含漁山島與披山島）的領空，使國軍在進行金剛 B 計畫沒有後顧之憂，順利完成漁山和披山的撤退。

1　「維基百科：金剛計劃條目」。取自「維基百科網」：http://zh.wikipedia.org/wiki/ 金剛計劃，（2011 年 12 月 12 日瀏覽）。

2　同上註。

1. 計畫實施過程

撤退前曾告知居民，自己選擇要離開或留下，要到台灣者每人發給五日份糧食（內含三日份乾糧），少數不願離開者，則各發一個月糧食。一九五五年二月八日上午九時開始實施金剛計畫，為便於管制與供應，大陳專員公署將居民以村為單位，編成一個大隊，每大隊有三中隊，每中隊有三分隊，隊設隊旗、人名佩條，以資識別。

載運路線則有上大陳四個灘頭、下大陳三個灘頭，居民經分隊後到各個規定灘頭集中等候上船。運送原本分二日進行，但八日運送過程非常順利，所以臨時決定當天將居民全部運送，傍晚即載運完畢，其他軍需物資及部隊則遲幾日完成。

2. 中國人民解放軍的反應

在整個撤退過程中，中國人民解放軍沒有對此一撤退行動進行干擾，也間接保證了此一撤離能順利完成。其原因是在一月三十日，美國政府決定幫助國民黨部隊從大陳島撤退時，已通過蘇聯政府向中國政府轉達了信息：希望在美軍幫助國民黨軍隊撤離大陳島時，中國人民解放軍不要採取行動。中

國政府接到蘇聯轉達的這一信息後,指示人民解放軍不要對從大陳島撤退的美、台軍進行攻擊。

3. 後續影響

金剛計畫的實施有其時代背景,不能從單純的撤退計畫來觀察。自大陳島撤退後,台海危機的緊張稍微解除,對整個局勢有一定的影響。一方面,國民政府的兵力與資源更加集中,在國防上算小有幫助;最重要的則是美國實現曾口頭答應協防金門與馬祖,並給予台灣更多幫助的承諾。大陳地區的居民不論是被迫,還是自願離開故鄉,對國民政府來講,犧牲幾個小島換取更大的利益,對當下局勢是一項重要的政治考量。

第三節　島人遷台聚集地點

　　大陳義胞由美國艦隊，送達基隆分別住進
二十六個招待所，由行政院「大陳地區反共義胞來
台輔導委員會」負責照料生活。於基隆停留約一至
兩個星期後，由「大陳地區來台義胞就業輔導委員
會」負責，按漁、農、工、商等志願協助義胞登記
職別，再陸續安排分發至全台十二個縣市，三十五
個大陳義胞新村安置。

　　包括宜蘭縣、花蓮縣、台東縣、高雄縣、屏東
縣、台北縣（現新北市）、基隆市、桃園縣、新竹市、
南投縣、台南市、高雄市等十二個縣市。上述縣市
當中，以宜蘭、花蓮、台東、高雄、屏東五縣為主。
地點的選擇考量到受安置人民的就業和發展環境等
因素，東部因地廣人稀，較適合大陳新村的建立，
屏東與高雄則是有良好的農業環境與漁業資源。

一、村落分配

　　大陳義胞以籍貫與職業二大項，做為分配到大陳
新村準則，大致可歸為以下幾類：

●3 ｜ 大陳義胞遷入新居（四十五年二月九日）｜中央社提供

- 兵眷多往高雄縣。
- 臨海縣（漁山島）玉環縣（披山）義胞
  則多在台東縣。
- 平陽縣（南麂）的義胞，移往屏東縣。
- 溫嶺縣（上下大陳）義胞，除入住宜蘭、花蓮兩
  縣外，並以餘數配往其他三縣。

　　職業則以農業、漁業、手工業與商業來區分，
漁業分配至基隆、宜蘭、花蓮、台東的濱海地區；
農業分配至高雄、屏東的平原地區；商業則多分配
至台北永和。但並不全都是單一職業村。有時會有
農漁、漁商、工商等混合職業村，較特別的是分發
到南投縣埔里鎮紹興新村的義胞，主要在埔里酒廠
裡工作；台南市南區的博愛新村，則是唯一以商業
為主的大陳新村；其他還有以碼頭工人為主的高雄
市旗津區實踐新村，以及漁產加工為主的新竹市北
區信義新村等。

● 4 ｜ 大陳新村來台分布圖 ³

漁師新村

五和新村
更生新村
信義新村

忠孝新村
成功新村
仁愛新村
岳明新村

紹興新村

復興一村
復興二村

博美新村
南田新村
再興新村
　和平新村
　太平新村
實踐新村
　力行新村

漁舢新村
披山新村

凱旋新村

百畝新村
虎盤新村
南亮新村
日新新村

克難新村
披星新村

中興新村
新龍新村

自由新村
自強新村

鳳尾新村

玉環新村　青山新村
　　　　東山新村

基隆市
台北市
桃園縣
台北縣
宜蘭縣
新竹縣
苗栗縣
台中縣
彰化縣
南投縣
花蓮縣
雲林縣
嘉義縣
台南縣
高雄
台東縣
屏東縣

二、大陳新村各地區人口分布及職業概況 [4]

縣市	鄉鎮	新村名稱	戶數	人數	原籍	輔導就業	備註
基隆市	八斗子	漁師新村	28	93	下大陳	遠漁商船	原居新豐街、調和街、和平島
台北縣	永和	五和新村	256	793		商業	今河堤旁保安路
桃園縣	大溪	更生新村	8	35		墾農	因建石門水庫遷址無資料
新竹縣	南寮	信義新村	114	434		漁業加工	原址在康樂里，曾因颱風遷址
南投	埔里	紹興新村	45	164		酒廠	田野資料僅44戶
台南市	桶盤線	博愛新村	40	146		市場小販	今市場已關閉
高雄市	旗津	實踐新村	118	495		碼頭造船	近海岸公園
高雄縣	林園北汕	力行新村	236	1182		近漁	
	茄萣白沙崙	南田新村	116	540		近漁	居民多為原籍福州人士
	鳳山牛潮埔	太平新村	120	433		竹織工廠	
	阿蓮復安村	再興新村	107	426	上大陳	農	
	大社嘉城	和平新村	68	288	下大陳		近嘉城美國馬禮遜學校
	旗山嶺口	凱旋新村	346	884	反共救國軍		眷村，旗山「華玄山文化院」對面

	新園五房	中興新村	185	872	下大陳竹嶼	近漁	
	枋寮番子崙	新龍新村	220	807	上大陳南麂	漁業	
	屏東市	自由新村	94	261	下大陳	手工藝	近廣東路「家樂福」
屏東縣	高樹大埔	百畝新村	112	381	南麂	農	講閩南語
	高樹東振	虎磐新村	108	359			
	高樹鹽樹	南麂新村	110	354			
	高樹鹽樹	日新新村	118	467	上大陳南麂		
	高樹鹽樹	自強新村	106	422	下大陳		
	枋寮大響營	東山新村	150	690	上大陳	台糖僱農	
	枋寮大響營	玉泉新村（青山）	107	438	下大陳		
	新埤新埤	玉環新村	133	507	披山	台糖僱農	
	潮州崙東	鳳尾新村	138	574	下大陳	台糖僱農	
	里港土庫	克難新村	104	441		畜養	里港大橋下
台東縣	大武尚武	披星新村	159	722	上大陳	漁、農	
	富岡	漁山新村	107	444	漁山		近富岡漁港
	太平	披山新村	61	137	上下大陳	爆竹廠工、商	近台東市豐田國中
花蓮縣	美崙	復興一村	338	1578	上大陳	近漁、工、商	近花蓮市榮民之家
		復興二村	88	284			
宜蘭縣	蘇澳	岳明新村	320	1335	下大陳	近漁造船	
	壯圍東港	仁愛新村	49	234		近漁	近東港漁港
	頭城大溪	忠孝新村	110	481		近漁	近大溪火車站
	礁溪德陽村	成功新村	203	526		工、商	

第四節　遷徙至永和的歷程與據點

一、歷程概述

　　大陳島民於民國四十四年，依「金剛計畫」隨當時的國民政府撤退來台。民國五十二年，葛樂禮颱風後，桃園縣更生新村的大陳居民，因水災問題嚴重，遷至台北縣永和鎮（現新北市永和區）。

　　另有因其他因素，如就業發展，從其他縣市大陳新村搬遷至永和居住者。鄉下的大陳社區謀生不易，隨著台灣經濟起飛，一九六〇年後，大量大陳子弟來到台北，許多人擔任廚師、裁縫、製鞋學徒，他們為求鄉親朋友的照應，幾乎都住在有大陳社區的永和，最先是租屋工作，後來就安家落戶。幾十年下來，中永和已經成為全台灣、甚至全世界最重要的大陳人集中地。

二、大陳人在永和的聚集地點

　　大陳居民遷台後部分落居永和者，起先被安頓於今日的福和運動公園靠河邊處；永和築堤後再遷入新生地，又稱五和新村，包含永成、忠義、新生、大同等四里，左側臨新店溪河堤與中正橋，由保安

● 5 │ 各年度戶數統計

年度	86 年	87 年	88 年	89 年
大同里	433	427	426	422
永成里	457	445	442	430
忠義里	349	334	333	336
新生里	365	352	357	360
戶數總計	1,604	1,558	1,558	1,548

年度	90 年	91 年	92 年	93 年
大同里	417	408	406	403
永成里	426	422	433	434
忠義里	332	334	329	332
新生里	366	360	359	352
戶數總計	1,541	1,524	1,527	1,521

年度	94 年	95 年	96 年	97 年
大同里	404	403	404	421
永成里	435	441	433	438
忠義里	329	326	326	326
新生里	355	354	360	363
戶數總計	1,523	1,524	1,523	1,548

年度	98 年	99 年	100 年	101 年
大同里	418	422	424	433
永成里	440	440	433	439
忠義里	328	331	328	331
新生里	383	393	387	388
戶數總計	1,569	1,586	1,572	1,591

資料來源│永和戶政事務所網站：http://www.yonghe.ris.ntpc.gov.tw

總計戶數

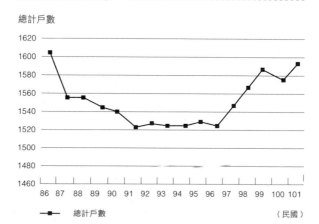

總計戶數   （民國）

路、保生路、環河路所圍之住宅區街廓範圍內。主
要為原籍大陳的來台居民；遷居來台初期安置於五
和新村地區共二五六戶，居民人數計有七九三人。

　　根據永和戶政事務所人口統計資料，大同
里、永成里、忠義里、新生里，從遷居來台初期的
二五六戶至民國八十六年十二月達一,六〇四戶，
八十七年至一〇一年三月，戶數維持在一千五百多
戶左右。

　　人口數由七九三人至民國八十六年十二月達
四千八百人，民國八十七年之後有遞減的趨勢，至
民國一〇一年三月，人口數為四,〇八一人。

　　由於人口成長，舊有房舍無法提供第二代、第
三代同堂居住。年老者皆選擇居住村內，年輕者因
學業、事業的關係大都往外遷移。

● 6 │ 各年度人口統計

年度	86 年	87 年	88 年	89 年
大同里	1,350	1,314	1,315	1,293
永成里	1,345	1,314	1,298	1,242
忠義里	999	953	927	930
新生里	1,106	1,084	1,064	1,042
人口總計	4,800	4,692	4,604	4,507

年度	90 年	91 年	92 年	93 年
大同里	1,244	1,209	1,177	1,168
永成里	1,230	1,216	1,200	1,173
忠義里	926	913	900	879
新生里	1,034	1,021	1,016	993
人口總計	4,434	4,359	4,359	4,213

年度	94 年	95 年	96 年	97 年
大同里	1,167	1,135	1,127	1,147
永成里	1,143	1,151	1,103	1,133
忠義里	885	881	879	883
新生里	985	966	973	968
人口總計	4,180	4,133	4,082	4,131

年度	98 年	99 年	100 年	101 年
大同里	1,137	1,106	1,085	1,087
永成里	1,141	1,118	1,102	1,108
忠義里	856	869	888	882
新生里	1,000	1,048	1,009	1,004
人口總計	4,134	4,141	4,084	4,081

資料來源│永和戶政事務所網站：http://www.yonghe.ris.ntpc.gov.tw

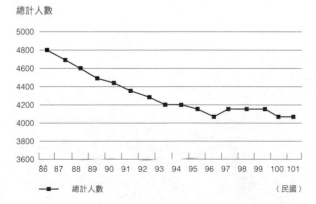

總計人數

第五節　大陳人的生活習慣與風俗

一、語言承襲

主要語言是大陳話屬台州語，少部分 福州語，漁山與南麂則操閩南語。

二、飲食風貌

寧波年糕
先分白米磨成粉狀，加入些許清水和勻，用火蒸四十分鐘，蒸完後秤重切塊成長條狀。

大春捲
餡料有炒酸菜米粉、綠豆芽、筍絲、豆乾絲、蛋絲、洋蔥絲、蝦仁等。

炒大陳年糕
餡料有魚麵、海鮮、肉絲、年糕等。

烤餈粑
將餈粑以炊火由硬烤軟，其上加蔥花、鹹肉、雞蛋等餡料。

魚麵

材料有生薑、蒜泥、魚丸等，用篩選過的鰻魚肉醬
配上地瓜粉攪和，再以酒瓶為杵，輕輕敲打，打成
一張薄薄的麵皮，爾後用刀切成細條狀。

薑茶麵

材料有鰻鯗、筍絲、肉絲、薑乾（生薑切片晒乾加
酒熬成湯汁備用）、蝦乾、香菇、金針花等。

鰻魚乾

將鰻魚剖開後再風乾。大陳島沿海原是中國重要漁
場，大陳居民以打魚為生居多，漁產品是主食也是
其傳統飲食特色。

在故鄉時，每當冬至到春節這段期間，家家戶
戶便會有幾根鰻魚旗高掛，那就是大陳人晒魚乾的
方法，是大陳人幾乎都會做的食物「鰻鯗」。除了
鰻魚之外，依照魚汛季節不同，也有人晒製黃魚或
帶魚乾。所謂「晒」的說法其實太籠統，嚴格說來：
大陳人掛鰻魚旗並不是為了晒太陽，而是為了風；
乾冷的北風是必備的條件。大陳人覺得，讓太陽直
晒的鰻魚乾會出油，易生異味，色澤較暗。

魚乾的製作方法是先選擇三至五斤重的海鰻
魚，將魚身橫切平剖掀開，這需要一塊大砧板與一

手好刀工，然後再以棉線穿縫吊起，置於乾燥陰涼處風乾幾天後即可。但現今台灣幾乎捕撈不到新鮮的海鰻魚，有的只是養殖魚，而對岸進口的又是加工處理過的，不是全鰻。是故，村子裡的人現在通常是預先訂「冷凍鰻」，想要吃到鰻魚乾越來越不易。目前約只宜蘭地區因魚貨來源充裕，仍有晒製較多魚乾，因此在宜蘭會出現鰻魚魚乾像被單一樣晾著的壯觀景致。鰻鯗肉質細嫩鮮美，適宜切絲存放（若冰凍冷藏保存期限可以更久），不管是加些米酒、芹菜一同爆炒，或是搭配麵食、年糕烹調都是大陳人喜愛的餐餚。

三、禮儀傳統：寺廟與祠堂

　　大陳人普遍和台灣有著相同的信仰，如媽祖、關聖帝君、觀世音菩薩、五顯大高、大禹，和台灣相旬。

　　屬大陳人獨具，與台灣一般信仰殊異的神祇則有：威武候、阮弼真君、漁師爺、海神娘娘等。

　　永和有一觀音寺，主祀觀世音菩薩，是新生地大陳新村的守護神。大陳人世居大陳島，生活以捕魚為主，大多信仰觀世音菩薩，在民國六十二年五月，由大陳義胞共同募建。位於新生路二七三巷一之一號底西端。

◉ 7 │ 觀音寺現況

第六節　都市更新的影響

　　新北市政府城鄉發展局繼二〇一〇年四月公告流標後，於二〇一一年三月三十一日起連續二個月公告「公開評選永和新生地（大陳義胞社區附近地區）更新單元一、二範圍都市更新事業實施者案」的招商文件。

一、都市更新計畫緣起 [5]

　　永和在過去主要以樂華商圈及秀朗商圈周邊為發展核心，近年來隨著捷運中和線之通車及新店溪畔綠寶石建設計畫之進行，帶動了捷運場站周圍以及新店溪畔的房地產市場，在生活機能愈趨完備之條件下，刺激了整個永和的發展動能。這波發展浪潮中，位於永和西北側的大陳義胞地區，緊鄰新店溪畔及仁愛公園，居台北市前往永和之重要門戶，且擁有雙捷運及充足的教育資源，卻因其社群結構特殊及產權結構複雜等因素，導致民間整合開發及重建困難，而呈現發展停滯之現象，隨著其環境品質未見改善，與永和其他地區發展差異逐漸擴大，形成一道難以跨越的發展障礙。

　　然而，這片當初用來安置大陳義胞的土地，因其特殊發展背景，雖權屬狀況複雜，不過公有土地

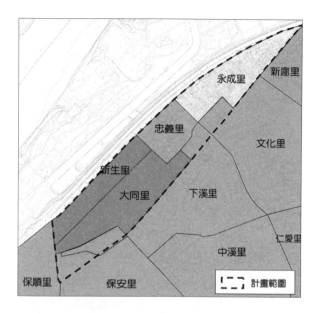

●8 │ 都市更新計畫範圍內里界圖 [6]

5   台北縣政府（2010 年 4 月 28 日）。「擬定臺北縣永和市大陳義
     胞地區都市更新計畫書」[公告]，頁 1。台北縣：台北縣政府。
     取自「重現大陳島：永和新生地（大陳義胞社區附近地區）都市
     更新案網」：http://www.planning.ntpc.gov.tw/web66/_file/1691/
     upload/File_Download/BCRenew/9904291.pdf，（2012 年 5 月
     0 日瀏覽）。

6   同上註，頁 13。

比例卻高達五成,在民間業者不易自行進場整合之
情況下,此一權屬特性成為公部門引導及協助民間
業者前來投資之有利籌碼。

　　因此,在台北縣政府(現新北市政府)相關政
策執行面,從民國八十九年起開始著手辦理之都市
更新規劃設計研究中,至九十六年四月止,公告實
施劃定都市更新地區共計五十一處,其中永和大陳
義胞地區內環河西路二段及保福路三段口東北側部
分,已於九十一年八月依都市更新條例第五條及第
六條第一款劃定為更新地區。此外,為配合中央「加
速推動都市更新方案」之執行,台北縣政府於亦
九十五年度完成「推動全縣五十處政策性都市更新
案」其中五處,當中包含了永和大陳義胞地區之更
新規劃,顯見台北縣政府對其更新事業推動之重視
程度。

　　整合前述有關大陳義胞地區之發展背景、權屬
特性及都市更新推動沿革,實有必要透過更新計畫
之研擬,將先前規劃成果落實於法定程序,並作為
指導民間業者投資開發之方針,以加速大陳義胞地
區之更新,進而扭轉地區發展之邊緣地位。

二、權屬概況 [7]

　　基地權屬狀況雖複雜，惟公有土地比例高達五成，其中又以縣有地所占比例最高，在民間業者不易自行整合情況下，此一權屬特性成為公部門引導及協助民間業者前來投資之有利條件。

　　新推動的期程，可以分為三個階段：第一階段是擬定本地區都市更新計畫暨劃定更新地區案，並將本區指定為「策略性再開發地區」；第二階段是公開評選委託實施者；第三階段為更新事業推動，由選出之實施者整合民眾意願、研擬更新事業計畫內容與權利變換計畫內容，並進場與居民溝通協調，負責說明更詳細的個別權利分配與義務分析。

　　目前進行到七處更新單元中的單元二的第二階段完成，其餘六處尚無人投標，停留在第一階段完成的進度。第二階段公開評選委託實施者作業，採七處更新單元同時上網、分別招商方式進行，自九十九年四月三十日至八月十六日起公告，計有二十家廠商領標，惟公告期滿未有廠商提出申請。一般認為廠商自覺本案整合難度頗高，加上退場機制欠缺彈性，所以處於觀望狀態導致招商流標。後再於一〇〇年四月二度招商，五月三十一日決標，僅開晟建設投標更新單元二，故順利得標。

● 9　｜　大陳更新區權屬概況

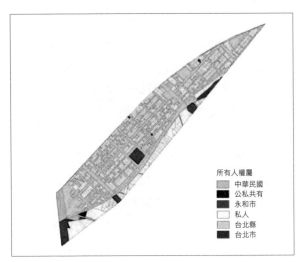

所有人權屬
- 中華民國
- 公私共有
- 永和市
- 私人
- 台北縣
- 台北市

所有權屬	合計 (m2)	百分比
公有	51039.02	53.13%
私有	44731.77	46.56%
公私共有	298.32	0.31%
總計	96069.11	100.00%

474 所有權人（戶）	748 所有權人（戶）	20 所有權人（戶）	約296 （戶）
30.82%	48.63%	1.30%	19.25%
（私）私、擁有土地及建物有完全物權	（私）未登記 僅擁有土地所有權	（公）私 僅擁有建物所有權	（公）未登記 僅擁有一般承租權

7　城鄉發展局（2009 年 12 月 9 日）。「永和新生地都更招商簡報」
　　[說明會簡報資料]，頁 3。台北縣：台北縣政府。取自「重現大
　　陳島：永和新生地（大陳義胞社區附近地區）都市更新案網」：
　　http://www.planning.ntpc.gov.tw/web66/_file/1691/upload/File_
　　Download/BCRenew/981209-2.pdf，（2012 年 5 月 6 日瀏覽）。

● 10 │ 大陳更新區共劃分七個單元，各單元介於 0.8 至 2 公頃間

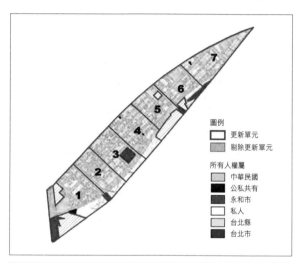

更新單元	權屬				整合人數
	私有地面積 (m²)	比例	公有地面積 (m²)	比例	
單元 1	6690.97	34.20%	12873.37	65.80%	287
單元 2	5022.89	47.86%	5473.06	52.14%	185
單元 3	5566.50	44.55%	6929.12	55.45%	240
單元 4	7393.40	59.52%	5028.04	40.48%	325
單元 5	3900.30	44.30%	4904.18	55.70%	187
單元 6	4138.85	42.55%	5588.20	57.45%	163
單元 7	7422.57	54.23%	626485	45.77%	316
合計	40135.48	46.03%	47060.82	53.97%	1703

● 11 ｜ 大陳更新區重劃後，住宅與公有道路占比

更新單元	住宅區		道路用地		合計 (m²)	預估共同負擔
	面積 (m²)	比例	面積 (m²)	比例		
單元 1	17721.68	90.58%	1842.66	9.42%	19564.34	75 億
單元 2	9301.36	88.62%	1194.60	11.38%	10495.96	38 億
單元 3	12495.61	100.00%	0.00	0.00%	12495.61	54 億
單元 4	12421.45	100.00%	0.00	0.00%	12421.45	55 億
單元 5	7993.30	90.79%	811.18	9.21%	8804.48	33 億
單元 6	9075.86	93.31%	651.19	6.69%	9727.05	37 億
單元 7	12618.62	92.19%	1068.80	7.81%	13687.42	53 億
合計	81627.88	93.61%	5568.43	6.39%	87196.31	--

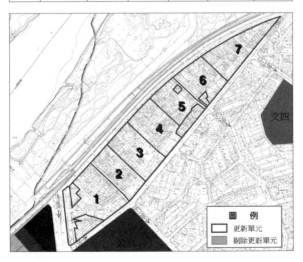

表 9-11 資料來源｜「永和新生地都更招商簡報」[說明會簡報資料]，
詳見頁 194，註 7。

三、大陳都更相關新聞

1. 台北報導，楊舒晴，〈永和大陳義胞都更 明起招商〉，《蘋果日報》，2011 年 3 月 31 日。

　　為促進都市景觀，新北市積極主導都更，去年（編按：2010）四月流標的「永和新生地（大陳義胞地區附近地區）都市更新案」，新北市府放寬條件，將規劃的七個單元分開招標。

難度太高業者縮手

　　第一、二單元於（編按：二〇一一年）四月一日啟動招商，兩個月後結標。

　　大陳義胞社區位於新店溪旁，擁有河岸美景，適合發展水岸景觀住宅，全案占地二‧九萬坪，住戶約一千五百戶，其中公有土地面積高達 53%，二〇一〇年四月全案統一招商，但整合困難度太高，雖有二十家廠商領標卻無人投標。 新北市府城鄉局更新處主祕黃秀源表示，此次將七塊單元分開招標，第一、二單元先個別招商，而且放寬整合開發商的限制條件，保證金打對折，試探市場反應。黃秀源說，都市更新困難在於整合，政府將輔助建商協調

土地，將整合時程放寬到三年，僅需 50% 私人住戶
的同意即可以申請都市更新。

鄰河岸宅一坪六十萬

此外，大陳義胞地區屬於內政部規劃的策略再
開發地區，享有 100% 的容積獎勵，該案位置鄰近
捷運萬大站，應有開發價值。　住商不動產永和雙和
店長張麗鴻表示，大陳義胞社區周邊有仁愛公園、
永平國中及頂溪國小。　目前面對河岸的住宅每坪開
價四十到六十萬元，成交價三十七到四十萬元，期
望能有大型建商前來開發，將當地市容建設得更好，
但是由於都市更新耗時太久，建議民眾不要抱持著
太大的希望，還是以平常心看待。

永和大陳義胞 都更區招標小檔案

位置：新北市保安路、保生路、環河西路，鄰近捷運
萬大站 面積：第一單元：5,747.5 坪 第二單元：2,420
坪 戶數：450 戶 容積獎勵：100% 投資額：113 億元
資料來源：營建署、新北市府城鄉發展局

2.〈大陳義胞更新說明會平和順利──新北市努力
促成公辦都更示範區〉[8]，新北市政府都市更新處，
2012 年 3 月 16 日。

　　新北市「永和新生地公辦都市更新」案，目前
已由新北市政府（以下稱市府）公開遴選出實施者
「開晟建設股份有限公司」正式簽約後，並於二月
二十三日晚間在永平高中舉辦地方說明會，多位民
意代表與居民踴躍參與。市府為了改善窳陋生活環
境，提升居住安全，將新店溪旁「永和新生地」俗
稱「大陳義胞社區」辦理更新，這片公有土地面積
約 53%，現有住戶約一千五百戶更新地區共分為 7
個更新單元，其中「更新單元二」於二〇一一年完
成招商確認實施者正式簽約，正式啟動更新程序，
希望能產生示範作用，帶動其他更新單元也可以順
利推動。

8　　都市更新處（2012 年 3 月 16 日）。「大陳義胞更新說明會平
　　和順利──新北市努力促成公辦都更示範區」[公告訊息]。新北
　　市：新北市政府。取自「財團法人都高更新研究發展基命會網」：
　　http://www.ur.org.tw/news_detail.asp?n_sn=3606，（2012 年
　　5 月 6 日瀏覽）。

平和順利建立三贏溝通平台

　　二月二十日晚間，市府首次於當地舉辦「更新單元二」地方更新說明會，由城鄉發展局局長張璠主持，出席相當踴躍，會中由實施者向居民充分說明該案目前規劃設計構想、相關權利人分配與安置內容，說明會吸引永和新生地社區將近三百位民眾前往參加，張璠局長期望居民未來都能多關注並深入瞭解本都更案與自身權益，並在理性和合理的前提下爭取應有權益，共同促成美好願景。市府都市更新處代理處長曾志煌表示，辦理都市更新最重要的是溝通協調，因此，地方說明會只是一個開端，接下來市府還會繼續請實施者更積極進行整合工作，並研提「更新事業暨權利變換計畫」送由市府審議核定。期望透過公私部門的合作，達成民眾、開發者與政府「三贏」的目標。

實施者持續努力整合　規劃滿足地主需求

　　永和新生地「更新單元二」位於環河西路二段、永平路、保安路與新生路一六〇巷至二一五巷，面積約三千坪，計畫興建地下五層、地上三十五到四十二層等三棟建築群，規劃居住單元約二十至六十坪，以滿足地主分配需求，另為建構完整都市綠網，

將集中留設綠地，營造基地周邊親切的人性化空間，
提供社區舒適且安全的人行空間。市府都市更新處
科長陳錫洺表示，大陳義胞社區以都更方式改善生
活環境，重塑永和水岸門戶意象，可望成為公辦都
更的示範地區，若整合過程順利，預估二〇一四年
完成計畫審議，二〇一七年即可完工。

參考書目

書籍

台北縣大陳文化關懷協會編，《大陳文化美食展手冊》，台北縣：永和
　　　市公所，2008。

吳學明，《永和市志》，台北縣：永和市公所，1986。

學位論文

何政哲，〈大陳過台灣——1950 年代新移民的個案研究〉，淡江大學
　　　歷史學系碩士論文，2004。

葉又華，〈宜居城市的文化政治——以新北市永和為例〉，臺灣大學地
　　　理環境資源學研究所碩士論文，2012。

網路資料

「大陳撤退」（2009 年 12 月 3 日）。取自「台灣大百科全書網」：http://
　　　taiwanpedia.culture.tw/web/content?ID=5231&Keyword=%E5%A
　　　4%A7%E9%99%B3，（2011 年 11 月 21 日瀏覽擷取）。

「維基百科：金剛計劃條目」。取自「維基百科網」：http://zh.wikipedia.
　　　org/wiki/ 金剛計劃，（2011 年 12 月 12 日瀏覽）。

「歷年人口統計」。取自「永和戶政事務所網站」：http://www.yonghe.ris.ntpc.
　　　gov.tw/_file/1177/SG/25028/FG0000001177000001_0_4.html，
　　　（2012 年 3 月 6 日瀏覽）。

中央研究院社會學研究所，「大陳新村分布圖」。取自「游走在島與島的
　　　記憶：追尋大陳社會文化網」：http://dachen.ios.sinica.edu.tw/
　　　map_4.htm，（2011 年 11 月 21 日瀏覽）。

中央研究院社會學研究所，「大陳新村各地區人口分布及職業概況」。

取自「游走在島與島的記憶：追尋大陳社會文化網」： http://
dachen.ios.sinica.edu.tw/habitant%20table.htm，（2011 年
11 月 21 日瀏覽）。

中央研究院社會學研究所，「游走在島與島的記憶：追尋大陳社會文化網」：
http://dachen.ios.sinica.edu.tw，（2011 年 11 月 21 日瀏覽）。

台北報導，楊舒晴（2011 年 3 月 31 日）。「永和大陳義胞都更明起招商」。
蘋果日報。取自：http://www.appledaily.com.tw/appledaily/
article/forum/20110331/33286704/，（2012 年 5 月 8 日瀏覽）。

台北縣政府（2010 年 4 月 28 日）。「擬定臺北縣永和市大陳義胞地區
都市更新計畫書」[公告]。台北縣：台北縣政府。取自「重現網」：
http://www.planning.ntpc.gov.tw/web66/_file/1691/upload/File_
Download/BCRenew/9904291.pdf，（2012 年 5 月 6 日瀏覽）。

城鄉發展局（2009 年 12 月 9 日）。「永和新生地都更招商簡報」[說明
會簡報資料]。台北縣：台北縣政府。取自「重現大陳島：永
和生地（大陳義胞社區附近地區）都市更新案網」：http://www.
planning.ntpc.gov.tw/web66/_file/1691/upload/File_Download/
BCRenew/981209-2.pdf，（2012 年 5 月 6 日瀏覽）。

都市更新處（2012 年 3 月 16 日）。「大陳義胞更新說明會半和順利——新
北市努力促成公辦都更示範區」[公告訊息]。新北市：新北市政府。
取自「財團法人都高更新研究發展基金會網」：http://www.ur.org.
tw/news_detail.asp?n_sn=3606，（2012 年 5 月 6 日瀏覽）。

永和戶政事務所網站： http://www.yonghe.ris.ntpc.gov.tw，(2012 年 4 月
12 日瀏覽)。

國家文化資料庫網：http://nrch.cca.gov.tw/ccahome，（2011 年 12 月
12 日瀏覽)。

重要年表

清代	大陳浙江省台州府太平縣管轄。
	居民日眾，魚業旺盛，清庭設「汛」，官稱「把總」，派趙仁周治理；島民不服，遂成「有官無管」狀態。
	約在光緒 20 年，改「汛」為「哨」，派林松溪負責治安。
1912	設警察分所。
1917	改太平縣為溫嶺縣，大陳屬溫嶺縣轄。
1929	浙江省實施地方自治，建村里制度，劃上下大陳及竹嶼為溫嶺縣直屬村，名為「鳳尾村」。
1933	人口驟增，改村為鄉，分上下大陳為二鄉；上大陳稱「紅（鴻）美鄉」，下大陳（含竹嶼）為鳳尾鄉。
1945	合併上下大陳為「鳳尾鄉」，鄉公所設在下大陳，陳香玉為鄉長。
	5 月，共軍入溫嶺，俘縣長。浙江省政府由杭州遷至寧波，再遷舟山。王相義任溫嶺縣長，縣府遷松門，7 月又遷大陳，縣府設其私宅。
1949	6 月，海軍設巡防處於相義代用中心小學。
	7 月，浙南行署由臨海遷至下大陳招寶寺。
1950	撤浙南行署。

	4 月，舟山島撤退，浙江省府遷台，溫嶺縣府留駐大陳。
1951	3 月，成立「浙江反共救國軍指揮部」，胡宗南化名秦東昌，任總指揮，進駐大陳，整編各島游擊隊伍。
	7 月，重劃行政區域，二分鳳尾鄉為復興鄉（上大陳）、成功鄉（下大陳）。竹嶼歸浙江總部直轄。
	9 月，胡宗南抵下大陳。
	「西方公司」進駐大陳，設電台，組聯合辦公室。
1952	國共兩軍於大陳附近海域展開多次交戰，互有勝敗。
1953	4 月，浙江省政府恢復，設於下大陳南田村，共轄四縣一局（臨海縣、玉環縣、平陽縣、溫嶺縣、漁山管理局），胡宗南兼任省主席。
	6 月，積穀山失守，「西方公司」倉皇撤退。
	7 月，撤銷「浙江反共救國軍總指揮部」，改為「大陳防衛司令部」，劉廉一出任司令。胡宗南調返台北。
1954	成立警察隊，5 月擴充為警察局。
	9 月，浙江省政府遷台。大陳地區成立行政督察專員公署，設於下大陳招寶寺，沈之岳兼任行政督察專員。

溫嶺縣府遷至南田與省府留陳政務處合併辦公。

1955	1月，共軍頻頻轟炸大陳島、其周邊海嶼及島嶼。
	1月19日，共軍猛擊一江山，島上國軍全數殉職。
	1月21日，大陳軍政當局作備戰、應戰部署，特派員辦公室（國民黨黨務特派員）、大陳行政督察專員公署、浙江省立中正中學、溫嶺縣立小學等先行散至南麂。
	1月22日，溫嶺縣警局辦理疏散登記。
	1月23日，農曆除夕。
	1月30日，蔣經國抵大陳。
	2月2日，逐戶編組，準備撤退。首批軍眷及學生由南麂撤退抵台。
	2月3日，進行撤離登艦演習。
	2月4日，美海空軍進行聯合演習。
	2月6日，老弱民眾先行登艦撤離。
	2月7日，美軍艦抵大陳，協助軍民撤退。林道慶老人代表大陳至電總統。
	2月8日，全民登艦，晚間平安抵達基隆港。總統發布「大陳撤退播告海內外軍民同胞書」。
	2月9日，漁山、披山兩島民眾登艦撤離。
	2月10日，美駐華大使、孫立人將軍先後抵大陳視察離情形。
	2月12日，司令劉廉一等人最後撤離大陳。

租屋人口

第五章
租屋人口

第一節　租屋人口怎麼來

一、一九○○年 — 終戰 [1] 初期：日治時期的租屋狀況

　　西元一八九五年（文後以略：「西元」記）日本人來台後，主要是集中在台北地區。於一九○○年左右，台北地區人口比例，日本人曾高達 86%。為因應大量的住屋需求，這時期的日本總督府一開始是以官方直接租用民宅的方式，多半是以官用之名強制台灣人低價出租其房舍，再提供給來台的日本官吏居住。

　　雖然民間來台的日人，多數並無久留台灣的打算，大部分人多租屋而居；然漢人的民宅實不符日本軍、民的居住習慣，且來台官吏日益增多，於是日本政府便轉而大量興建官舍。同時，一九○五年後漸改發送宿舍料 [2] 替代官方以政策低價強租的方式，於房屋租金的價格亦採較放任的態度由屋主決定，導致中下階層的日本民間來台人士無法負擔過高的租金。

1. 都市計畫——城區空間向郊區擴張

　　日本治理的五十年間，開始就有計畫性的進行近代都市建設，並向郊區擴張。自一九〇〇年起頒布的「台北城內市區計畫」，到一九〇四年時，台北市已成為全台灣人口最多的都市。明治三十八年（一九〇五年）十月，頒布台北市十五萬人口都市計畫，當時「全台北地區都市計畫」的要旨，皆在於城內的都市改建，與向外擴張墾地建設，是台北市街較具規模的第一次市街改正。在市區改建計畫中，強制拆除許多住屋，致使台北房舍大量減少，直接影響台北地區房租價格，再加上實施民政後，來台日人快速增加，導致日人租屋更加困難[3]。

1　　編按：「終戰」一詞在台灣係指西元 1945 年 8 月 6 日，第二次世界大戰於美軍對日本長崎、廣島投下兩顆原子彈後，日本於 8 月 15 日正式宣布投降戰敗的時間為始起記。

2　　宿舍料為政府提供公務員租屋的補助金。參見：王慧瑜，〈日治時期臺北地區日本人的物質生活（1895-1937）〉，臺灣師範大學臺灣史研究所碩士論文，2010。取自「國立臺灣圖書館」：http://www.ntl.edu.tw/public/ntl/4216/99 王 慧 瑜 .pdf，（2011 年 11 月 2 日瀏覽）。

3　　王慧瑜，〈日治初期臺北地區日本人之居住問題——以官舍和租屋為中心（1895-1905）〉，《臺北文獻直字》，173 卷，2010.9，頁 177-213。

2. 租屋人運動與戰後人口變化

　　一九二〇年代末期，房屋租金擔過重與不合理的租賃關係，台灣社會遂形成「借家人運動」或稱為租屋人運動，此為台灣民眾黨與台灣文化協會對於惡質租屋現況的抗爭，主要目標在於反對高租金與保障承租人的居住權益。由於人口急速成長，一九三二年又訂定「台北市區計畫」，以收容六十萬人口的規模，擴張市街範圍。（資料來源：中原大學建築系，台北市日式宿舍調查研究專案，2000）到了日治後期，太平洋戰爭爆發，台北地區的人口成長漸呈緩慢；至二戰結束後，因十幾萬日本人被遣送回國，台北地區人口才再次有巨幅的變動。

二、一九四五年終戰後 — 一九七〇年：
戰後外省移民與工業化城鄉移民的轉型

1. 戰爭因素，移入潮湧現

　　終戰前後，因日本人遣返，以及台籍人士下鄉避難，台北地區人口銳減至僅八十萬。這時期的台北住宅多半為獨戶住宅，子女遷出後，空餘房間則做為出租使用，以獲得租金，而承租客多為從外鄉至台北工作以及從大陸遷台的居民。一直到一九四〇年代後

期，國共內戰，國民政府戰敗遷台，來台軍民共有
九十餘萬，三分之一進入台北地區，人口突然倍增，
導致住宅嚴重短缺，為了要快速解決住宅問題，政府
也只能容許違建戶隨地興建。此時台北盆地的空間漸
趨擴張，也使得周圍的人口逐漸成長，尤其是鄰近台
北的三重與永和。

2. 防空疏散腹地，中永和人口的移入

　　一九五〇年間，台北市外縣市移入人口開始增
加 [4]，而台北縣（現新北市）則轉為較多外省人口遷
入；此時永和人口的成長最主要來自於戰後外省移
民遷台。一九五三年，永和被定位成防空疏散的腹
地，國防部與內政部會公布「都市營建配合防空應
行注意事項」，要求都市營建發展需配合防空疏散
之需為主，建設均須通過當地防空主管機關同意。
將中永和規劃為台北市公職人員、部隊、與政治難
民的防空疏散區域。為配合此計畫而實行的「台北
市防空疏散陸橋工程計畫」，政府拓寬道路，亦將
連接中永和的中正橋拓寬，打通強化台北市對永和
往來的聯繫。同時，為減緩台北市的人口壓力，在
中永和興建眷村，促使永和成為政府政策制定下都
市化快速成長的地區。此時，外省籍移入人口所占
比例，永和高達 63%，明顯比其他縣市來的高。而

永和發展的核心漸漸從過去中和為主轉移到橋的兩
側，偏向靠近台北的地理區，像是靠近中正橋的網
溪地區。一九五八年，永和因人口達到一定的規模[5]，
亦從中和分離出來獨自成鎮[6]。此時政治難民的住宅
問題，在以黨政軍力的主要考量下，仍是採取消極
的安撫政策[7]。

　　一九六〇年代後工業化初期，是城市地景變化
最劇烈的時候。國家所主導的兩項政經政策，農業
培植工業的經濟政策，與外銷導向的經濟型態，促
成民生與輕工業的需求，將勞動人口導向都會及其
邊緣市鎮所提供的就業機會，致使年輕勞動力自鄉
村移入都市。（李令儀，1997）而台灣產業也因此
漸次轉型，一級產業陸續為二、三級產業取代；人
們不再仰賴土地生產，土地逐漸被其他資產型態所
替代，集合式住宅也因應而出。從農業為主的社會
過渡至西方工商業的，以生產分工精密為核心的社
會型態，職業別的幅增大幅增加勞動力的需求；再
加上交通運輸條件改善，提高了人口流動遷居的機
會。台北地區在都市化且勞動人口需求的增加下，
外縣市人口大量流入[8]，造成離台北市越近之區越早
成為移民城市。台北縣遂轉變為其他各縣市移民主
要移入的區域；而家庭結構因工商社會之故轉變成
以小家庭為主的人口組成，家戶數隨之上升，間接

也帶動住宅需求量的增加。此時期亦是永和人口成長最快速的時刻[9]，移入人口多以二十五歲以下的青壯勞工為主，其中多是年輕的學徒，為永和地區的人口結構帶來另一次大改變。

三、一九七〇年— 一九八〇年代：
城鄉移民的時期，台北市之衛星城市

一九七〇年代台北市人口成長趨緩，外縣市人口選擇遷入台北縣（現新北市）的比例增加。至今，台北縣人口數依然因為外縣市人口移入而持續成長，本籍人口由戰後初期的 97% 降為 32%。這段時間永和人口結構以城鄉移民為主，到一九七六年底估計，永和人口已超過十五萬。移入人口的年齡層集中於二十五到三十五歲之間，教育程度則因九年國教的推行而偏高，並且具有專門技術者為眾。

隨著台北市成為台灣經貿首善之都，永和便成為這些人口的住宅收受區，相當程度的依賴台北市

4　永和人口 1950 年統計為 7,723 人，1957 年為 23,654 人。詳見王鏗惠，〈台北衛星城市變遷之研究──以戰後永和為例〉，淡江大學建築學系碩士論文，2003。

5　1958 年，永和的居民人數為 29,094 人。資料來源：同上註。

6　王鏗惠，〈台北衛星城市變遷之研究──以戰後永和為例〉，前引書。

而存在 [10]。對於財力比較有限的新生家庭而言，台北市房價高，自有住宅購置困難；永和地價在普遍低於台北市，且距離近、公車路線漸多，再加上境內多為單純的住宅區，使得永和成為吸引外來人口與台北市外移人口的理想選擇。為滿足台北市乃至大台北都會區的住宅需求，永和成為住宅市場積極開發之地，住宅型態轉為多以七層以上電梯高樓的公寓式住宅為主。

7　廖盈琪，〈昨日的明日花園城市——永和都市計畫之移植與形構〉，臺灣大學建築與城鄉研究所碩士論文，1999。

8　1961 年 93 萬人到 1971 年的 184 萬人。詳見蕭新煌等著，《台北縣移入人口之研究》，台北縣：台北縣立文化中心，1993。

9　同上註。

10　廖盈琪，〈昨日的明日花園城市——永和都市計畫之移植與形構〉，前引書。

第二節　租屋人口的組成與特質

在台灣的租屋族群最主要分為四大類,第一類為低收入家庭,第二類是剛入社會的年輕上班族 [11],第三則為每年七月後開始遷徙的大專學生,第四是老人、身心障礙人士等弱勢族群。普遍而言,台灣人租屋最常選擇的附加條件以生活機能良好為主,其次為交通便利,第三與第四則分為近學區與工作地點 [12]。

一、低收入的家庭

由於經濟往往是決定購屋的決定性關鍵,以低收入的家庭來說,房屋並不是他們所能負擔的,貸款的利息會吃掉他們家庭最基本的開銷。(呂秉怡,《空間雜誌》,133 期)此外,如果有小孩的家庭,父母親對於租屋環境的選擇會更謹慎,優先考慮孩子上學的交通、安全、托育與學區等問題,他們多半會希望選擇不分租的住家形式 [13];不過相對來說,此形式的租金壓力也會較高。政府應該要特別輔導補貼,實行其他先進國家所實施的「公營出租住宅」,以低於平均市價的價格出租,並且不應超出家庭收入的三成 [14],方不至形成生活困境。

　　然而，以現今政府宣傳的平價社會住宅來看，
仍有許多改進的空間。以台北市為例，目前台北市
政府所推動的「大龍峒公營出租住宅」，申請者的
家庭年收入所得限制過度寬鬆，一五八萬元以下就
可以申請，等於月薪十三萬的家庭也可入住。租金
則有兩種選擇，三房型與一房型的月租金分別為二
萬一，二〇〇元及一萬一，二〇〇元。然而弱勢家庭
月薪往往未滿三萬，一萬以上的租金根本負擔不起。
此外，出租住宅並沒有保障弱勢家戶入住比例，除
了保留部分給當地居民外，申請者不論身分或收入
高低全採混和抽籤[15]。政府未來當要再行擴大社會
平價住宅的供給，重新審議合理的申請條件，以保
護低收入家庭的居住權利。

11   呂秉怡，〈補貼建商的「3200 億社福政策」?〉，《空間雜誌》，133
　　　期，2000.9，頁 46。

12   中信房屋網：http://www.cthouse.com.tw，（2011 年 12 月 2
　　　日瀏覽）。

13   楊青芬，〈高雄市地區女性單親家庭租屋情況分析：社會福利觀
　　　點〉，中山大學中國與亞太區域研究所碩士論文，2009。

14   黃舒那（2010 年 12 月 2 日）。「美國公共住宅的介紹」。取自「崔
　　　媽媽基金會」：http://www.tmm-news.org.tw/index.php/tmm-
　　　news/29--991202.html，（2011 年 11 月 8 日瀏覽）。

15   社會住宅推動聯盟（2011 年 11 月 17 日）。「這些年我們一
　　　起租不到的房子，住盟遺憾：居住不正義在台北市公營出租
　　　住宅上演」，取自「苦勞網」：http://www.coolloud.org.tw/
　　　node/64847，（2011 年 12 月 8 日瀏覽）。

二、上班族

根據「1111 人力銀行」調查，有近四成六的受訪上班族在外租屋，其中有三成是已婚的人士。租屋的主因有三成二是「收入太少，買不起房子」，其次還有「在外縣市工作」、「收入不穩定，買不起房子」等。多數上班族的租金與月薪比例落在11% 至 30% 之間，平均占比為 23.12%。有六成九的「寄居蟹族」，租屋時最在意的選屋條件為「房租」、四成三在意「距離上班地點」、三成八考量「生活機能／便利性」。最困擾租屋族的前三大情況則為「租金高」、「屋況／房屋維修」與「其他房客生活習慣不良」等。至於租屋的好處，四成九認為「可自由因應個人狀況搬遷他處」，其次還有「沒有房貸壓力」、「居住成本較低」等優點。

套房是單身的上班族最想住的房屋形式，如果預算不多，則會選擇分租雅房或找朋友合租整層公寓[16] 來分擔支出。據主計處與租屋業者二〇一〇年統計，單身上班族套房租金壓力以北市 33% 最高，北縣 25%、中市 17%、高市 16% 漸次；在北市想租一戶三十坪住家，單身上班族須付出逾六成的月薪。尤其目前大學畢業生平均薪資只有二萬多元，甚至低於二十年前的薪資水平，再加上近年物價、房租齊漲，年輕人的實質收入遠低於過往。部分上

班族為了壓低房租支出比例，進而選擇離上班地點
較遠的外縣市或郊區租屋[17]。相較於台北市來說北
縣租金較低，近幾年來，租屋者漸漸外移，於是離
台北市一橋之隔的永和也是租屋者最常選擇的租屋
地點。

　　其次，選擇租屋的上班族也重視交通的便利性，
以時間換取租金與空間，是許多租屋族找屋的趨勢。
像是在台北市工作的上班族，若是沒有機車代步者，
都會選擇捷運沿線或是公車可轉乘的租屋地點[18]。據
租屋網業者統計，以月租一萬元的獨立套房來說，
多坐一個捷運站，租金可省近千元；許多租屋族為
了省租金，從市中心往外圍擴散，因此近來，租屋
族以最常搭乘的捷運線為主軸，開始呈放射狀遷徙，
月省租金五千多元。同樣是捷運站附近，北縣租金
就比北市便宜，這亦是中永和頂溪與永安市場捷運
站，吸引租屋人口的原因之一。租屋業者同時指出，
因應這樣的住屋需求，自然的也帶動了捷運站附近
的建案興起。

三、學生租屋族群

　　學生租屋族可簡單歸類為，單身、年齡介於
十八到二十六歲之間，居住時間大致為二到五年，
通常到寒暑假期會固定返家。具備兩大特質，一為

城市移民特質：因大學指考的分發制度，大專生不
一定會在家附近就讀，是於形成台灣每年一度國內
大專生人口遷移的現象。其中將近有三分之一的大
學生由於學校宿舍申請名額有限，必須要選擇在校
外住宿[19]。二是賴學生父母之經濟特質：此反映在
外宿生租屋消費策略上。經濟能力有限的學生，不
論打工與否，在租屋選擇上盡量會以低租金的為主。

　　八月通常為學生族群的換屋潮。學生族群常令
房東頭痛的是，破壞屋內家具陳設。房東在選擇學
生房客時，如果是養寵物、同居、成群結隊，衛生
習慣差的租屋者，皆是房東較不喜歡的對象[20]。都
市內學生聚集的租屋地點，時常伴隨的是機車隨意
停放而造成街道擁擠，交通事件增加；不愛護社區
環境衛生，垃圾亂丟也造成社區居民的困擾。有時

16　李偉麟，〈坐捷運上班的租屋計畫〉，《Money 錢》，2001.4。

17　王鵬捷，本報訊，〈4 成 6 上班族是寄居蟹，租金佔月薪 2 成 3〉，
　　《中央日報》，2010 年 10 月 20 日。

18　馬婉珍，本報訊，〈新鮮人租屋掌握四大竅門〉，《工商時報》，
　　2008 年 10 月 5 日。

19　林瑞泰，〈大學附近社區之學仕畫研究──以長榮大學與成功大
　　學為例〉，長榮大學土地管理與開發學系碩士論文，2011。

20　石义南、曾百村、唐嘉邦、陳柔妘，本報訊，〈租屋學生損物擾鄰，
　　房東最怕〉，《中國時報》，C1 版，2011 年 7 月 27 日。

學生半夜仍在租屋處辦小型 Party，或是晚歸大聲喧嘩，令社區居民頭痛。然學生也帶來不同的商業行為，因應學生休閒消費的需求，各類型的小吃、異國餐廳、酒吧等也隨之產生。不過店家的生意也隨著學生寒暑假返家，明顯受到季節性的影響。

　　近年經濟條件提升，租屋學生也開始要求居住品質，要求住屋要有良好的環境與服務設備、交通與購物的便利性，包括內部裝潢、設施是否齊全也都在考慮之列。為此學生往往選擇新屋而捨舊屋，稍有年紀的老屋只能以更低價出租，或必須年年重新裝潢，才能吸引學生入住。現在的學生大部分重視隱私，雅房或是與房東同住的租屋處都漸漸不受學生的親賴。

　　學生租屋市場競爭最為激烈，隨著離學校距離越遠，學生宿舍數量越少，除了最主要的租金之外，從租屋處到學校所需花費的通勤時間也是學生選擇租屋的考量之一。永和距離台大與師大僅一橋之隔，租金卻相對較低，這對兩校的租屋學生來說是不錯的潛在選擇。

四、老人與身心障礙人士

　　除了上述三類租屋需求人口外，在台灣還有老年人口與最弱勢的身心障礙人士同樣也有租屋的需

求。台灣在一九九二年開始邁入高齡化社會，老年人口攀升的同時，與子女同住的比例卻逐年下降。然而老人事實上並無購屋置產的需要，只需一個舒適的居住環境，於是老人出租住宅在一九九〇年代後逐漸出現，除提供住房之外，也有老人居家服務，如餐飲管理、諮詢協談等。老人出租住宅的發展，反倒成為台灣不健全的租屋住宅市場上，民間建設公司集團積極投入開發的區塊。

身心障礙人士是最被忽視的一群。台灣近一〇七萬身心障礙人口，占全國人口的 4.6%，其中八成找不到工作，多半仰賴家庭資助或政府津貼補助。由於先天在經濟上的弱勢，於高房價的情況下根本買不起房子。然而在台灣，身心障礙人士就算是在可負擔的租金或房價之下，仍會碰到社區居民歧視的眼光，甚至受到鄰居的暴力對待。近年來，政府在規劃青年住宅、老人出租公寓、低收入戶出租國宅等，但仍未計畫興建「身心障礙者住宅」。只能期待政府未來的社會住宅規畫，開始將此等需求納入政策考慮，提供身心障礙者更好的住宅保障[21]。

21　黃琢嵩，本報訊，〈買不起、租不起、住不了、進不去〉，《蘋果日報》，2010 年 8 月 26 日。

第三節   永和租屋問卷調查分析

〔此次調查採網路問卷，共三十五人填答。〕

一、永和租屋現況調查結果

1. 請問您考慮在永和租屋
   最重要的因素是？

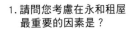 生活機能佳

 交通方便

 朋友或家人也在此租屋

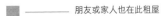 租金合理

 離工作或學區較近

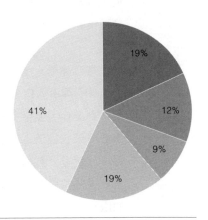

2. 上一個租屋地點是何處？

 台中縣市

 台北市

 永和市

 永和市是我第一次租屋地點

 新北市（除永和市以外）

 新竹縣市

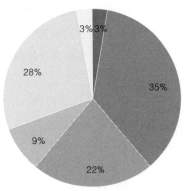

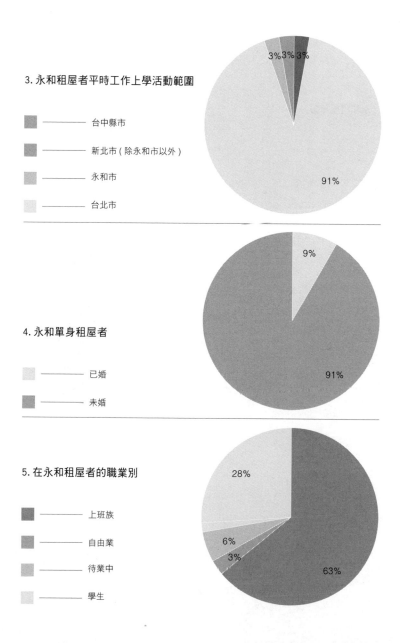

3. 永和租屋者平時工作上學活動範圍

	台中縣市
	新北市 (除永和市以外)
	永和市
	台北市

4. 永和單身租屋者

| | 已婚 |
| | 未婚 |

5. 在永和租屋者的職業別

	上班族
	自由業
	待業中
	學生

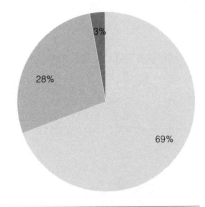

6. 永和租屋年齡分布

 ———— 20-29

 ———— 30-39

 ———— 40-49

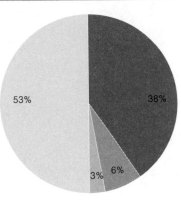

7. 每月需負擔的租金金額

■ ———— 0-4999

■ ———— 10000-14999

■ ———— 15000-19999

■ ———— 5000-9999

二、永和是單身上班族與學生的最愛

結果呈現，在永和租屋的受訪者，其職業為一般上班族為最多數占 63%，其次為學生族群占 28%。其中 69% 的填答者年齡分布於二十到二十九歲，同時有 91% 的填答者屬未婚的單身族群。問卷的結果顯示影響租屋者來永和租屋最重要的因素是以「離上班或上學區域較近」為主，占四成一。其次分別為「租金合理」與「生活便利機能佳」，各占一成九。永和鄰近台北市，且捷運的易達性讓在台北市活動的上班族與學生都喜歡選擇永和而居。

三、台北－永和間的相互依存關係

調查中顯示，永和租屋族平日活動範圍，高達九成一的比率在台北市活動。從一九五〇年代起，戰後刻意安排為政治移民的收受區；一九六〇年代，轉變為城鄉移民為主；到一九七〇年代，分工漸趨明顯，製造業從台北市轉到周遭的衛星城市，於是台北縣（現新北市）便成為台北市主要製造業中心與廉價的城鄉移民住宅區。形成台北市為商業、消費、行政管理中心，周邊城鎮則扮演起作為大台北住宅區域的角色，至今仍可見雙方的依存關係。

　　其中永和與台北市僅僅相隔新店溪，租屋者可藉由中正橋、福和橋、永福橋，以及捷運頂溪站與永安市場站往返工作與上學的地區，依存現象特別顯著。

四、永和租金較低於台北

　　對於目前永和一地租金的高低問題，有七成一的受訪者認為仍在可負擔的範圍。而且，上一租屋地點為台北市者，來永和租屋的因素大多以「租金合理」為主要考量，占了三成七。以獨立套房為例，根據崔媽媽基金會二〇一〇年租金統計，鄰近永和的台北市大安區平均一坪租金單價為一，四四一・一六元，遠超過永和每坪租金單價八八三・〇九元。且調查發現，租金占租屋者月收入比例約有七成人在三成以內，相對於台北市高達六成的租金壓力來看；台北市與永和的房租租金差異，的確是租屋者遷移入永和的推力之一。根據城市租屋調查，原租於古亭捷運站者，遷往租金較便宜的頂溪捷運站租屋，月省租金三千多元，而租屋於頂溪捷運站者，則遷往租金更便宜的南勢角捷運站周邊租屋，租金甚至可再省一、二千元 [22]。

五、 中永和地區自有與租屋族未來發展

自一九六〇年代以來，台北地區快速都市化導致的住宅短缺現象，間接促成永和的住宅市場興盛，成為房屋業者積極開發獲利的地區；都市住宅每年約興建十萬戶才能滿足此間的住宅需求量[23]。根據主計處人口遷徙統計調查顯示，近二十年來人口不斷往北遷徙未曾間斷；另依中信房屋的調查報告，說明租屋人口也多集中於北部地區，主要分布在台北市（22.71%）與新北市（15.29%）[24]。中南部因為工作機會較少，致使外出求學或求職者必須暫離戶籍地的比率較高，形成人口逐漸減少的趨勢。[25]調查數據顯示，跨縣市長距離遷徙者，顯見是以遷入台北、新北市為最多；若再輔以永和與台北市相依的程度來看，未來永和的租屋需求應仍會繼續上升。

22　馬婉珍，台北訊，〈不景氣省租金，租屋族大遷徙〉，《中國時報》，2009 年 1 月 6 日。

23　廖盈琪，〈昨日的明日花園城市——永和都市計畫之移植與形構〉，前引書。

24　中信房屋網，前引註。

25　仝澤蓉，本報訊，〈出外找頭路 雲嘉人最多〉，《聯合晚報》，2008 年 7 月 29 日。

　　此外，根據新北市地政事務所資料，永和由於區內發展較早，人口密度高，因而可建地相對稀少，故以中古公寓為主要交易平台。但區內因公共建設多已成形，生活機能成熟，且台北市捷運的交通網路日趨完整，並往新北市延伸，覆蓋了整個大台北地區。在此區域條件的優勢加持下，讓本區房市交易量較具穩定性。交通建設明顯地擴大了租屋者的選擇範圍，甚至台北市的房租若持續居高不下，租屋者或有可能選擇放棄租屋，進而改在新北市買房居住。

　　至於房價部分，根據新北市中和地政事務所資料[26]，二〇一〇年第一至三季的中永和地區房價逐漸攀高，尤其以四號公園及頂溪站周邊的房價漲幅最為明顯。房價從第一季約每坪三十五到四十二萬元，上漲到第三季每坪三十八到五十五萬元。再加上中永和區內的重大建設亦陸續在推動，重點開發案包括：（1）華中橋西側區段徵收區，（2）大陳義胞都市更新案，未來的（3）捷運環狀線、（4）萬大線、（5）灰磘數位內容研創園區、（6）秀朗橋北側區段徵收區、以及（7）天山營區附近的市地重劃等。這些想必都將成為房地產行情上揚的指標；因之，若無重大的經濟變動，未來中永和地區房價的市場預期應仍會持續維持上升的趨勢[27]。

　　然而房價上漲是否租金就會跟著上漲？以近年物價指數來看，雖然物價不斷攀升，但現在的租金竟比十年前還低，這多半歸因於就業和薪資的成長率更糟之故。又由於租屋行為經常是經濟較弱勢者的居住選擇，致使房租上揚可能會影響租屋者的租屋意願。顯見租屋行為在台灣傾向為「買方市場」，租屋者的「意願」與「能力」的高低，是左右房租價格變動的重要因素。據此，中永和未來租金是否也會跟著房價急速攀升，答案應是無法根據房價波動而得到定論。

26　徐碧華，本報訊，〈房價與房租分道揚鑣，房價沒拉動物價〉，《經濟日報》，2010 年 6 月 9 日。

27　衷柏宣（2010 年 11 月 12 日）。「永和頂溪捷運站房價站穩『6 字頭』」。取自「MyGoNews」：http://www.mygonews.com/news/detail/news_id/2852，（2011 年 11 月 8 日瀏覽）。

第四節　台灣住宅政策及對租屋現狀影響

一、高空屋率以及偏高的自有住宅率

　　台灣自有住宅率從一九四五年以來逐漸提升，至今約都維持在 85%（見表 1）。然而，其他高度都會化發展的已開發國家，自有住宅率普遍只占三分之二，三分之一則為租賃住宅。以亞洲國家為例，日本自有住宅率約為 60%（見表 2）、香港 40%，台灣租賃住宅估計潛在需求人數超過七四〇萬人，其中包含現居親友家中，或者學校宿舍、公部門住宅等，因而造成表現在實際租賃居住人數的統計上不到兩百萬人的現象[28]。二〇一〇年底的空屋率高達 19.3%，但自有住宅率仍維持在 79.2%，計算下來等於一五四萬個家庭沒有自己的房子。然對照民國七十九年空屋率 13.3%，上升的空屋率並未帶來相對低的房價，違背了房價與空屋率相反走勢的市場定律。可能的解釋為，台灣的空屋並未上市求售，反倒成為許多民眾的第二宅，即：「養屋」以囤積資產。

二、選擇購屋還是租屋？

　　購買房子，象徵的是落地生根，是整個家庭的大事，不得不謹慎而為。六〇年代的城鄉移民大約

●1｜台灣自有住宅比率｜資料來源｜行政院主計處：「中華民國統計資訊網」。

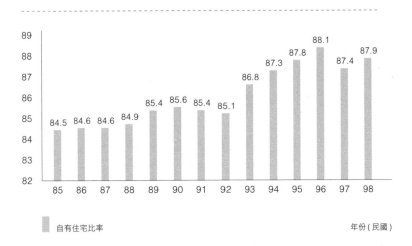

自有住宅比率 　　　　　　　　　　　　　　　　　　　　　　　　　　年份（民國）

●2｜1998年已開發國家住宅自有住宅率 ｜資料來源｜詳見頁239，註28。

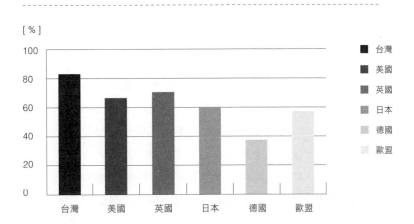

在三到五年就會購屋,而早在一九四五年遷入台北
地區的外省移民,因為政治意識形態,大約也是到
六〇年代才開始決定購屋。終戰初期的政治移民,
因國府反攻大陸的政策宣傳,來台者通常選擇租屋,
或是自行搭建違建解決住屋需求。到六〇年代後,
知反攻無望,才漸有在台定居購屋的打算。

然,在台灣,來自對於購屋保值與價值增值的
預期觀念影響,再加上房屋的持有成本太低,導致
很多人把房地產當成投資標的。購置住宅的意義從
過去居住使用的功能、家庭財富的象徵,變成一種
商業謀財的手段,進而成為市場商品化的銷售產品。
原本可用租賃滿足的住宅需求,更因社會價值觀所
影響,迫使國內租屋需求低於其他已開發國家甚多。

三、房價過高的成因與影響

房地產成為投資客的投資標的,房屋的持有成
本過低是主因。目前國人每年繳交的不動產實質稅
率大約在萬分之五到千分之一左右,遠低於國外大
都市一般在 1% 的水準,以至國內不動產價值被低
估。於是出現所謂「養房、養地」的現象[29],住宅
市場過度朝「商品化」發展,間接促成高房價的產
生。依據營建署最近公布住宅需求動向調查,發現

高達六至七成民眾認為房價不合理。以目前國人薪資水平，要買台北近郊鄉鎮二十七坪的普通住宅，要十四年不吃不喝才買得起。

過高的房價最主要影響的是低收入家庭，以及初入社會的年輕人的居住權益。解決之道在於，首先政府應要認知，住宅不應是投資工具，而是「基本人權」之一。然而政府在台灣的住宅政策一直以來都是鼓勵「住者有其屋」，像是採取優惠房貸，或是國宅政策等的設置，都是為了讓民眾達到「購屋」的門檻，促使民眾只有買屋的選擇，而背負沉重的房貸成為屋奴。忽略住宅不該只是單純的交易商品，也更是一種權利（居住權）；住宅的主體是使用者（家戶），而不是建商。於是有學者提出，持有第二間房屋以實價登記課稅，將持有房屋的成本提高，期望有效抑制養房、養地的投機投資行為。

四、缺乏公寓租賃住宅的台灣

台灣的租賃住宅市場普遍缺乏國外盛行的大型公寓式租賃住宅，多半走向個別散戶的租賃方式，多採用套房，或以分租之雅房占絕大多數，此現象的普遍性從這次永和租屋調查就可發現。

　　就租屋者的性質來說，尤其是對經濟條件較弱的，如剛進勞動市場的青年與中低收入家庭，政府對其給予居住協助，提供較多的出租住宅，是合理同時是落實社會公平正義的必要手段。一味提供購屋補貼的政策，對於中低收入家庭，一來是受惠者少，二來是鼓勵其持有超出所得負荷的房屋，實則無助於改善其整體生活品質。

　　在社會、學者討論多時後，終於二〇一一年，中央政府選定新北市三重、中和、永和三處地點推動青年社會住宅；中和區選在秀峰段，其中規劃九成以上為一房一廳的套房，租金為市價八折，以每坪八〇〇元出租。十月通過新北市社會住宅自治條例，入住對象唯有穩定所得的二十到四十歲青年，只租不售；未來承租社會住宅條件定為設籍、就讀、就業於新北市一年以上，且領有中低收入戶、家庭年收入一五八萬元以下，或具都更拆遷戶資格等證明者為限，同時，也將保留部分名額給當地民眾，預計四年後開始執行。原預計二〇一二年二月招標，採取 BOT 案，二〇一四年完工；不過幾經流標後，目前雖有一得標建商，但變數仍多，是否能如期執行猶未可知。[30]

五、社會住宅——即將啟動

　　社會住宅源自歐洲國家，目的是將住宅「去商品化」，讓人人都住得起像樣的住屋，要解決的是跨不過購屋門檻的弱勢族群的居住問題，所以是採「只租不賣」的去商品化方式。

　　社會住宅也扮演急難救助的功能，讓一些突遭變故的家庭能有個住處。根據二〇一一年統計，台灣的出租國宅少於 0.08%，相對於世界已開發各國過低甚多。以日本租賃住宅市場為例，日本出租住宅比例約四成，尤其是東京租賃住宅占有住宅市場的 55%，而整體而言由民間單位所提供的出租住宅已超過 70%。日本政府在租賃住宅市場之中所扮演的角色，主要是以提供必要的建築融資與費用補貼，

28　華宜昌、賴碧瑩，〈我國租賃住宅市場之發展與推動〉，《住宅學報》，10 卷 1 期，2001.2，頁 67-76。

29　本報訊，〈社論：從青年住宅看住宅政策〉，《經濟日報》，2011 年 11 月 27 日。

30　城鄉發展局（2013 年 3 月 19 日）。「新北市青年住宅 BOT 與日勝生完成議約」[新聞資訊]。新北市：新北市政府。取自：http://www.planning.ntpc.gov.tw/web/News?command=show Detail&postId=272262，（2013 年 7 月 1 日瀏覽）。

同時也對承租戶另行補貼租金，這都是台灣政府可以借鏡的方向。

　　目前推廣社會住宅最大的阻礙在於，台灣民眾對社會住宅仍抱持著許多擔憂與刻板印象，像是社會住宅是否會成為貧民窟、太多人入住導致交通大亂、或是房價暴跌等等，這些都是未來有關單位需要一一去努力改善，或改變民眾對於社會住宅的既定印象。

　　而有關社會住宅的規劃，也不應只集中在高房價的台北、新北市等地區，即使是房價相對合理的地區，一樣有需要幫助的弱勢團體的居住權問題須解決。現階段出現高房價問題的結果，其原因並不是缺乏社會住宅的提供，而是住宅被「過度投資與過度消費」所造成的困境。因此，面對高房價，實不能完全以社會住宅的設置來解套。這些問題仍有待相關學者與政府單位進一步的設思，以圖改善制度之不足。

參考書目

書籍

中原大學建築研究所（薛琴主持），《台北市日式宿舍調查研究專案報
　　告書》，台北縣：台北市政府民政局，2000。

蕭新煌等，《台北縣移入人口之研究》，台北縣：台北縣立文化中心，
　　1993。

學術期刊

王慧瑜，〈日治初期臺北地區日本人之居住問題──以官舍和租屋為中
　　心（1895-1905）〉，《臺北文獻直字》，173 卷，2010.9，
　　頁 177-213。

呂秉怡，〈補貼建商的「3200 億社福政策」？〉，《空間雜誌》，
　　133 期，2000.9，頁 46。

李偉麟，〈坐捷運上班的租屋計畫〉，《Money 錢》，174 期，
　　2001.4，頁 133-139。

華宜昌、賴碧瑩，〈我國租賃住宅市場之發展與推動〉，《住宅學
　　報》，10 卷 1 期，2001.2，頁 67-76。

學位論文

王鏗惠，〈台北衛星城市變遷之研究──以戰後永和為〉，淡江大學建
　　築學系碩士論文，2003。

廖盈琪，〈昨日的明日花園城市──永和都市計畫之移植與形構〉，臺
　　灣大學建築與城鄉研究所碩士論文，1999。

楊青芬，〈高雄市地區女性單親家庭租屋情況分析：社會福利觀點〉，
　　中山大學中國與亞太區域研究所碩士論文，2009。

林瑞泰，〈大學附近社區之學仕化研究——以長榮大學與成功大學為例〉，
　　長榮大學土地管理與開發學系碩士論文，2011。

報刊資料
_____

本報訊，〈社論：從青年住宅看住宅政策〉，《經濟日報》，2011 年
　　11 月 27 日。

王鵬捷，本報訊，〈4 成 6 上班族是寄居蟹，租金佔月薪 2 成 3〉，《中
　　央日報》，2010 年 10 月 20 日。

仝澤蓉，本報訊，〈出外找頭路 雲嘉人最多〉，《聯合晚報》，2008
　　年 7 月 29 日。

石文南、曾百村、唐嘉邦、陳柔妘，〈租屋學生損物擾鄰，房東最怕〉，
　　《中國時報》，C1 版，台北焦點 ※ 運動，2011 年 7 月 27。

徐碧華，本報訊，〈房價與房租分道揚鑣，房價沒拉動物價〉，《經濟
　　日報》，2010 年 6 月 9 日。

黃琢嵩，本報訊，〈買不起、租不起、住不了、進不去〉，《蘋果日報》，
　　2010 年 8 月 26 日。

馬婉珍，本報訊，〈新鮮人租屋掌握四大竅門〉，《工商時報》，2008
　　年 10 月 5 日。

馬婉珍，台北訊，〈不景氣省租金，租屋族大遷徙〉，《中國時報》，
　　2009 年 1 月 6 日。

參考書目

網路資料

「統計資料庫：家庭住宅狀況」，取自「行政院主計處：中華民國統計
　　　資訊網」：http://www.stat.gov.tw/mp.asp?mp=4，（2011 年
　　　12 月 5 日瀏覽）。

中信房屋網：http://www.cthouse.com.tw，（2011 年 12 月 2 日瀏覽）。

王慧瑜，〈日治時期臺北地區日本人的物質生活 (1895-1937)〉，臺灣師
　　　範大學臺灣史研究所碩士論文，2010。取自「國立臺灣圖書館」：
　　　http://www.ntl.edu.tw/public/ntl/4216/99 王 慧 瑜 .pdf，（2011
　　　年 11 月 2 日瀏覽）。

社會住宅推動聯盟（2011 年 11 月 17 日）。「這些年我們一起租不到的
　　　房子，住盟遺憾：居住不正義在台北市公營出租住宅上演」，
　　　取自「苦勞網」：http://www.coolloud.org.tw/node/64847，
　　　（2011 年 12 月 8 日瀏覽）。

衷柏宣（2010 年 11 月 12 日）。「永和頂溪捷運站房價站穩『6 字頭』」。
　　　取自「MyGoNews」：http://www.mygonews.com/news/detail/
　　　news_id/2852，（2011 年 11 月 8 日瀏覽）。

黃舒那（2010 年 12 月 2 日）。「美國公共住宅的介紹」。取自「崔媽媽基
　　　金會」：http://www.tmm-news.org.tw/index.php/tmm-
　　　news/29--991202.html，（2011 年 11 月 8 日瀏覽）。

城鄉發展局（2013 年 3 月 19 日）。「新北市青年住宅 BOT 與日勝生完成議
　　　約」[新聞資訊]。新北市：新北市政府。取自：http://www.planning.
　　　ntpc.gov.tw/web/News?command=showDetail&postId=272262，
　　　（2013 年 7 月 1 日瀏覽）。

賴淑惠（2009 年 1 月 19 日）。「包租公婆 09 年房市低風險前進術」。
　　　取自「中信房屋網（轉自：網路地產王 / 新聞 / 綜合）」：http://
　　　www23.cthouse.com.tw/AboutCompany/ArticleDetail.aspx?a_
　　　id=223&，（2011 年 12 月 2 日瀏覽）。

總結 ——————————— 行腳之後

　　由於永和各個族群的史料分散、蒐集不易，加上官方、學術調查對於「一地」的歷史、文化面上的研究並不多見，而民間在本身文化史料的保存，亦無系統性可言，因此，本書初步完成了四個族群，與一個新興的流散族群（租屋人口）的史料整合調查。

　　歷程裡，研究人員發現諸多族群面臨嚴重的歷史、文化流失的問題，加上世代交替、族群內部人口亦有外移現象，族群耆老亦逐漸過世，永和在地的文史工作者，無不對於文化歷史逐漸消失，感到憂慮；此外，永和地區近年都市更新的腳步加速，勢必讓已經更為分散的族群聚落，愈漸發散，不利於實地考察、口述研究與調查。

　　因此，進一步的永和族群考察計畫，應該加速以訪談各族群猶有記憶的耆老、文史工作者為目標，並且就一九八○年後移入的族群，如目前為數眾多

的東南亞移民，做直接、第一手的訪談與調查，以
能夠讓各族群的文化歷史，不至於因為缺乏文化保
存意識，就此消融在現代化的都市生活裡。

國家圖書館出版品預行編目資料

永和族群溯源 / 林竹君等作. -- 初版. -- 新北市：
小小書房出版；臺北市：紅螞蟻圖書發行, 2013.08
　面；　公分
ISBN 978-986-87110-5-1（平裝）
1. 族群 2. 移民史 3. 新北市永和區
733.9/103.9/119.4　　　102011731

永和族群溯源

書　　　名　　永和族群溯源
作　　　者　　林竹君｜陳譽仁｜蔡念辰｜李苡昀｜彭映淳
總　編　輯　　劉虹風
插　　　畫　　錢昱昕
美 術 設 計　　林 岑
文 字 編 校　　林竹君｜陳譽仁｜蔡念辰｜李苡昀｜彭映淳｜游任道

出　　　版　　小寫出版｜小小書房　小小創意有限公司
負　責　人　　劉虹風
地　　　址　　234 新北市永和區復興街 36 號 1 樓
電　　　話　　02 2923 1925
傳　　　真　　02 2923 1926
部　落　格　　http://blog.roodo.com/smallidea
電 子 信 箱　　smallbooks.edit@gmail.com

經 銷 發 行　　紅螞蟻圖書有限公司
地　　　址　　114 台北市內湖區舊宗路二段 121 巷 19 號
電　　　話　　02 2795 3656
網　　　址　　http://www.e-redant.com/index.aspx
電 子 信 箱　　red0511@ms51.hinet.net

印　　　刷　　崎威彩藝有限公司
地　　　址　　235 新北市中和區立德街 216 號 5 樓
電　　　話　　02 2228 1026
電 子 信 箱　　singing.art@msa.hinet.net

初 版 一 刷　　2013 年 8 月
定　　　價　　250 元
I S B N　　978-986-87110-5-1
贊 助 單 位　　財團法人國家文化藝術基金會　　財團法人｜國家文化藝術｜基金會
　　　　　　　　　　　　　　　　　　　　　　　　National Culture and Arts Foundation